KB264663

# 기적의 두뇌혁명

미하엘 함 박사의

# 기적의 두뇌혁명

하남출판사

# c o n t e n t s

# contents

# contents

# c o n t e n t s

# 뇌를 위한 건강식

우리의 뇌는 배고픔과 갈증, 포만감 등을 신호로 몸에 알려 음식 양을 조절하게 한다. 그런데 뇌가 그러한 기능과 능력을 잘 발휘할 수 있느냐 없느냐는 음식물과 음식물의 질에 의해 결정된다. 그러니까 음식은 우리의 중앙조정기관을 먹여 살리는 셈이다.

운동선수들은 음식에 의해 자신들의 기록이 좌우된다는 사실을 잘 알고 있다. 근육을 위한 영양분과 사고를 하기 위해 '회색 세포'가 필요로 하는 영양분이 근본적으로 다르다고 말할 수는 없다.

'두뇌활동가'도 장거리 육상선수들에게 필수인 근육휘발유의 덕을 볼 수 있다. 왜냐하면 에너지의 원천인 탄수화물

은 근육과 신경세포, 그리고 뇌세포를 위해 골고루 일을 하기 때문이다.

뇌는 몸 전체 글루코스(포도당. 단당류의 하나로 포도나 감 등 단맛이 나는 과일에 함유되어 있다.)의 약 20%를 소비한다. 이 요구량은 혈액에 의해 공급된다. 때문에 몸과 뇌가 제대로 기능하려면 혈당치는 항상 일정한 농도로 그 수치가 유지되어야 한다.

평상시 우리에게 익숙해져 있는 능력을 발휘하기 위해 뇌는 지속적인 에너지와 산소 공급 이외에도 혈액순환을 통해 다른 많은 영양분을 필요로 한다. 이 영양분들은 직간접적으로 정신적인 컨디션에 영향을 미친다. 여기에는 단백질 구성 성분인 아미노산과 복합 불포화지방산, 그리고 여러 가지 비타민과 무기물들이 속한다. 단백질은 뇌를 구성하고 정보를 저장하는 데 필요한 물질을 만들어낸다. 단백질 구성 성분은 전달 물질, 즉 두뇌와 신경체계의 정보들을 생화학적으로 만들어 전달하는 전단계이다.

이러한 신경 전달 물질 중의 하나로 기분의 상태를 조절하는 세로토닌이라는 것이 있다. 기분의 균형을 담당하는 이 물질은 뇌에서 아미노산인 트립토판으로부터 만들어진다. 이 세로토닌이 원활히 생성되기 위해서는 충분한 탄수화물 섭취와 적당한 양의 비타민 B가 있어야 한다. 이런 예만 보더라도 두뇌음식(두뇌 영양 섭취)과 무드음식(심리적인 청량제로서의 영양 섭취)과의 상호관계를 분명하게 해준다.

인간의 뇌가 형성되는 것은 유전과 주위 환경과의 복합적인 상호관계의 결과이다. 후자인 환경에 속하는 것은 영양 섭취의 질인데, 이는 물론 태어날 때부터의 영양을 말한다. 잘못된 영양 섭취와 유아기의 영양 결핍은 뇌와 뇌신경계에 다시는 돌이킬 수 없는 손상을 입힌다. 특히 유아기의 뇌 발달 과정 중 학습을 위한 '공간적인 전제조건'이 만들어지는

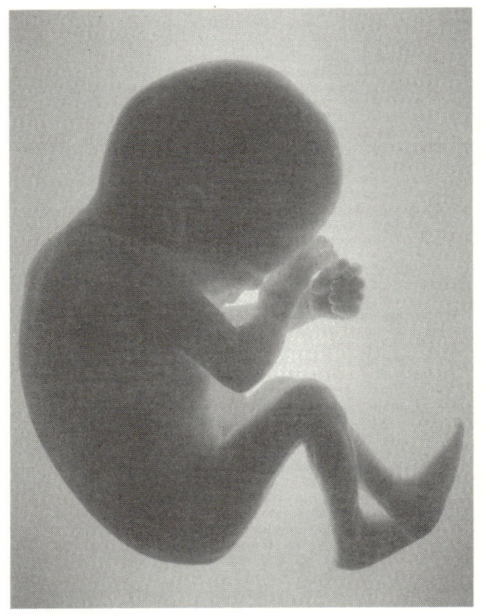

데에는 얼마나 양질의 단백질을 섭취하느냐 하는 것이 결정적이다. 물론 그 이후의 학교생활, 직업교육, 직장생활에서의 스트레스로 인해 뇌가 지치지 않기 위해서는 지속적으로 올바른 영양 섭취가 이루어져야 한다.

집중력의 약화나 기분이 좋지 않은 것, 그리고 쉽게 질병에 걸리는 것도 잘못된 영양 섭취의 결과일 수 있다. 이와는 반대로 올바른 영양 섭취를 한 뇌는 집중력과 기억력이 좋고, 전체 유기체 활동을 아무런 문제없이 조종할 수 있다. 물론 이것은 뇌도 근육처럼 훈련을 받고 지속적으로 그 상태를 유지해야 한다는 조건이 선행되어야 한다. 식사와 트림은 둘 다 제대로 되어야 한다! 이 말은 정신건강에도 적용된다.

물론 지능을 숟가락으로 떠먹을 수는 없는 노릇이다. 식품을 잘 고름으로써 뇌는 전체적으로 더 능률적으로 일을 하고, 사고활동은 더욱 더 효과적으로 이루어진다. 영양은 뇌를 생기 있게 하고, 뇌에 영양공급을 하면서 동시에 스트레스로부터 보호를 한다. 그러니까 '머리를 써서' 식사를 해야 한다. 이 책은 이런 맥락에서 가장 중요한 부분을 조망하고, 머리 속이 최상의 컨디션을 갖도록 도움과 자극을 주게 될 것이다.

V01

# 우리의 뇌는 어떻게 일을 하는가?

# 우리의 뇌는 어떻게 일을 하는가?

**뇌**의 신비스러운 세계로 들어서기 전에 우선 우주에서 최고도로 조직화된 기관의 특징들에 대해 알아보자.

수분으로 싸여 있는 성인의 뇌는 대략 1.5Kg으로 몸무게의 약 2%를 차지한다. 뇌는 무게는 가볍지만 신진대사가 활발한 기관이다. 뇌는 신진대사 총량의 20%를 필요로 할 정도다.

뇌의 모양은 흔히 호두알에 비교되곤 한다. 즉, 뇌는 굴곡과 주름이 많고 신비스럽다. 그러나 딱딱한 호두알과는 달리 뇌는 젤리처럼 부드럽고, 희거나 회색이며 부분적으로

붉은 색을 띠고 있다. 주름 덩어리는 안에 숨겨져 있다.

## 뇌세포 : 신경계의 연결망과 뇌의 데이터 전송의 기본 요소이면서 기능 단위

태어나면서부터 우리가 갖는 신경세포(전문용어로는 뉴런)는 대략 1,000억 개이다. 이것은 천문학적인 숫자로, 우리 신경계의 세포 수가 은하계의 별들만큼 된다는 뜻이다. 그러나 신경세포들은 체세포들과 달리 재생되지 않으며, 그 숫자는 나이가 들면서 감소된다. 그렇다고 걱정할 필요는 없다. 이것은 누구에게나 항상 충분하게 비축되어 있기 때문이다.

각각의 뉴런은 정보를 받아들이고, 작업하고, 계속 전달하는 데 있어서 특별하면서 다양한 기능을 수행한다. 신경세포들이 연결되면서 다른 뉴런들과 접촉할 수 있는 가능성

신경계에서 무수한 정보가 전달되는 것은 뇌가 조정하는 완벽한 전달망에 의해서이다. 그 유명한 회색 세포들은 서로 얽혀서 십만 킬로미터 길이의 정보 도로를 이루고 있다.

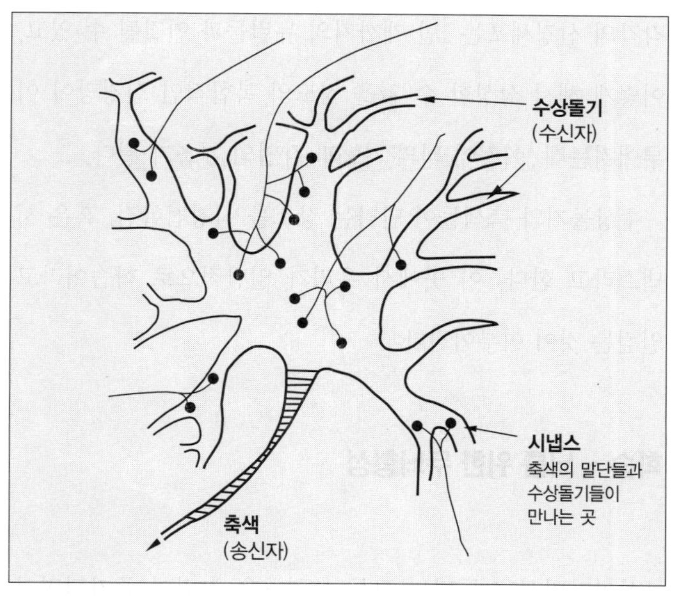



신경세포들과
그 의사소통 체계 : 정보의
수용과 작업은
축색과 수상돌기들을
통해 이루어진다.

이 만들어진다. 하나의 신경세포는 그 대신 여러 개의 수신점인 수상돌기와 일반적으로 송신을 하는 단위인 축색으로 이루어져 있다. 섬세하게 가지가 뻗어 있는 축색의 끝가지들과 다른 신경세포의 수상돌기들이 접촉함으로써 뉴런은 정보를 전달할 수 있는 수많은 가능성을 갖게 되는 것이다.

각각의 신경세포는 1만 개까지의 뉴런들과 연결될 수 있고, 이렇게 해서 상상할 수 없을 정도의 복합적인 신경망이 이루어지는데, 이것이 뇌의 기능과 작업의 기초가 된다.

수상돌기와 축색들이 만나는 장소를 신경접합점, 혹은 시냅스라고 한다. 이 곳에서 우리가 일반적으로 학습이라고 일컫는 것이 이루어진다.

## 학습 - 뇌를 위한 두뇌형성

살아가면서 습득되는 모든 능력들은 뉴런이 증가되면서 가능해지는 것이 아니라, 뉴런들 간에 연결망이 구축되면서이다. 따라서 학습이라는 것은 결국 뉴런 간에 만들어지는 새로운 연결과 더 나은 연결을 뜻한다. 신경 접점의 일부분은 유전적으로 정해져 있고, 다른 더 많은 부분은 훈련의 문제, 즉 뇌를 어떻게 쓰는가에 달려 있다. 따라서 보디

빌딩의 경우에 비추어 브레인빌딩(두뇌훈련)에 대해서도 논의해 볼 수 있다. 신경세포들 간의 스위치와 접점의 양은 학습과 경험, 영리한 머리를 만들고 결정짓는 요소가 되는 것이다.


## 학습은 뉴런의 작업 체계에 어떤 변화를 일으키는가?

우선 자극 수용의 전제조건들을 살펴보자. 수많은 수상돌기들 중에서 실제로 사용되는 것은 아주 작은 부분이다. 도착하는 정보들을 세포의 내부로 끌어들이는 임무를 띤 수신 체계는 고정되어 있지 않다. 그것은 끊임없이 구조를 변화시킨다. 사용하거나 사용하지 않는 것 — 그러니까 뇌를 쓰거나 학습하는 것 — 은 수상돌기들과 송신 단위인 축색 간의 연결을 결정한다. 수상돌기들은 학습 과정 중에도 그 모양과 크기, 숫자가 변한다. 그들은 점점 더 굵어지고, 길어지고, 계속 가지를 쳐나간다. 이렇게 해서 수용 능력은 더

단백질은 뇌의 구성 성분이며, 학습 시 정보를 저장하는 데 필요한 기본 물질이다.

확장되는 것이다.

낱개의 축색에서도 그에 상응하는 과정이 일어난다. 이런 변화는 '몸의 구성 성분'인 단백질에 의해 가능해진다. 정보를 받아들일 때, 즉 자극을 받으면 뉴런의 체세포에서 단백질이 만들어지고, 이것은 신경돌기를 돌아다니면서 시냅스의 신경 끝부분과 그것의 특징적인 모양을 만들어 준다는 것은 잘 알려져 있다. 이것은 학습 과정 중에는 새로운 세포들이 만들어지는 것이 아니고, 뉴런들 간에 새로운 연결이 이루어지거나, 이미 연결된 것은 더 효과적으로 기능하도록 만들어진다는 것을 설명한다. 단백질 분자들은 전달의 역할을 수행하고, 수신자와 송신자를 서로 인식하게 한다. 따라서 이런 단백질을 '인식 분자'라는 용어로 규정한다. 따라서 시냅스의 증가는 학습 현상의 전제조건이 된다.

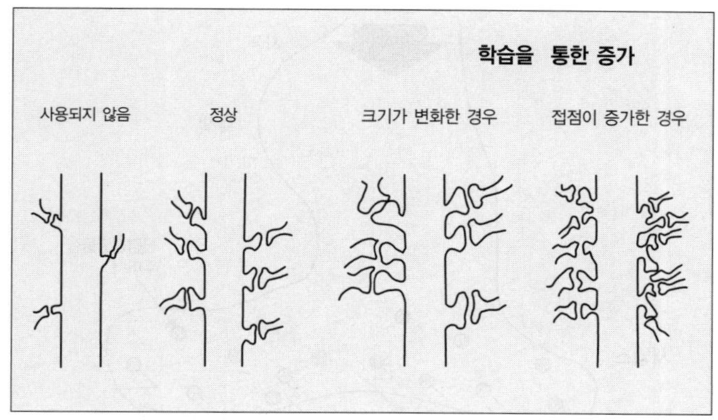


학습을 통해 접점의 가능성이 현저하게 달라진다.

## 뉴런 계에서 소식이 전달되는 경로

뉴런들은 서로 직접 연결되지 않기 때문에 뇌는 소식을 화학적으로 전달하는 체계를 발전시켰다. 소식은 신경전달 물질이라고 불리는 메신저에 의해 보내진다. 이를 통해 신호는 방송에서처럼 세포에서 다른 세포로 건너뛰고, 축색과 신경돌기 간의 틈에 화학적인 전달물질(메신저)이 다리를 놓는다. 이 전달물질, 혹은 전달자는 시냅스의 작은 주머니 속에 있는데, 자극이 뉴런에 도달하면 이 물질은 폭발하듯

뇌의 사고 작업을 돕기 위해 우리는 충분한 에너지를 공급해야 하며, 정보 전달을 위해 운반 역할을 맡아줄 성분도 준비해야 한다.

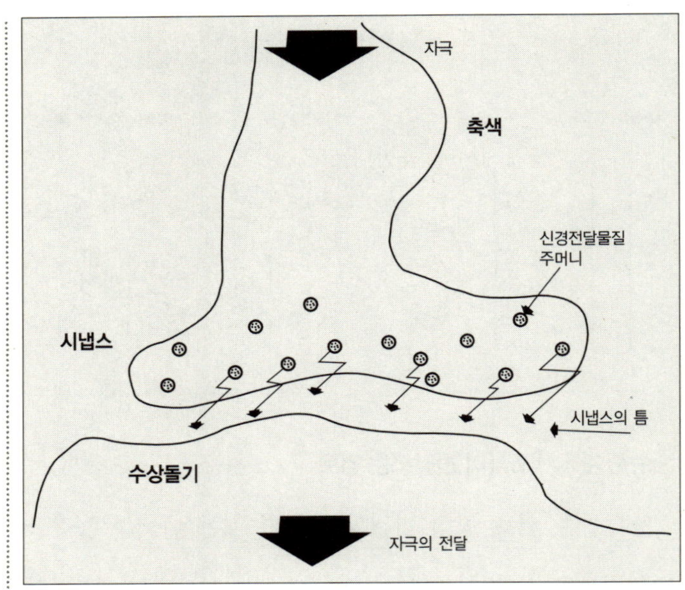




이 터져 나온다. 그들은 축색과 수상돌기 사이의 틈을 떠다

니면서 밀려드는 정보들이 전달되도록 한다.

신경계의 첫 메신저로서 신경전달물질인 아세틸콜린이

발견되었다. 그 이후로 50여 개의 다른 정보전달물질도 알

려지게 되었다. 그 중에는 세로토닌, 도파민, 감마 – 아미노

낙산과 함께 전달물질이면서 호르몬으로도 작용하는 노르아드레날린이 있다. 이런 성분들은 뇌에서만 활동하는 것이 아니라 몸 전체에서 활동한다.

대부분의 신경전달물질들은 신진대사를 통해 단백질 성분, 즉 특정 아미노산으로부터 선구물질로 만들어진다. 아세틸콜린을 구성하는 콜린은 레시틴이 들어 있는 식품에 나타난다. 몸에 적합한 신경전달물질을 만드는 데에는 이외에도 특정한 비타민 B가 참여한다.

신경전달물질의 예에서 보듯이 영양 섭취와 뇌 기능 간의 연관성은 분명해진다. (다른 자세한 사항은 3장의 '뇌는 어떤 영양소를 필요로 하는가?' 에 나와 있다.)

## 사고 기관과 학습 과정

신체의 다른 부분과 달리 뇌는 태어날 때부터 이미 그 형체가 완성되어 있다. 뉴런들도 출생시 수적으로 완전하게 전달물질이 충분히 비축되어 있어야 하는 이유는, 그것이 우리의 사고 과정이 얼마나 효과적으로 작동할 수 있는가, 얼마나 잘 인지할 수 있는가, 우리의 기분이 어떠한가 하는 것들을 결정하기 때문이다.

존재한다. 사고 기관은 이렇게 이미 그 기본적인 형태가 정해지는 것이다. 따라서 학습을 통해 뇌의 능력을 향상시키는 것은 신경세포들 간의 연결을 향상시키는 것, 즉 축색과 수상돌기, 그리고 시냅스들의 형태로 되어 있는 연결을 증가시키는 것을 의미한다. 우리의 뇌가 활발하게 활동할수록 우리는 더 지적이고 영리해지고 창조적이 된다. 이런 연결은 화학적인 전달물질들의 도움으로 이루어진다.

뇌는 해부학적으로, 그리고 그 기능상 업무 분할의 원칙에 따라 각각 효과적으로 일하는 여러 가지 부분으로 분류할 수 있다. 하나의 생각을 하기까지 뇌의 여러 영역에서 정보들이 수집되어져 작업된다. 처음에 받은 친숙하다는 느낌에서 희미한 기억, 그리고 마지막으로 완전한 그림을 얻기까지 말이다. 더 쉽게 이해를 하기 위해 뇌의 그림(p 27. 참고)을 보자.

자극(정보나 소식들)들이 일어난 지점에서 자극이 대뇌

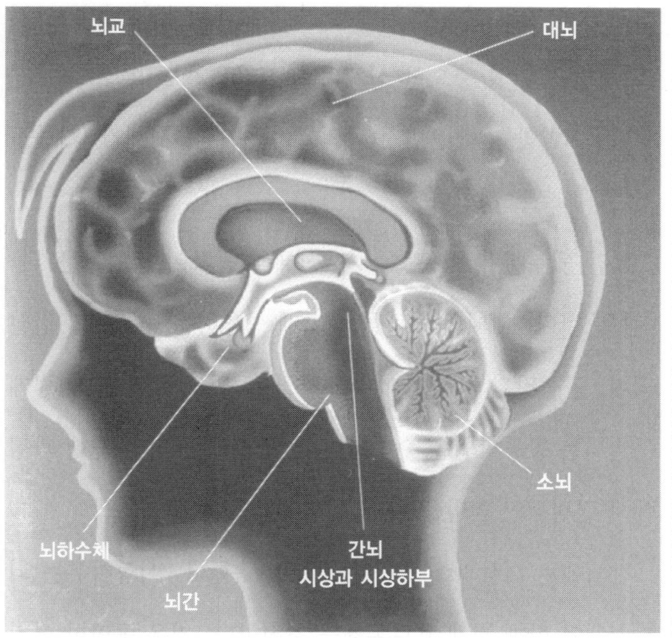


뇌의 가장 중요한 부분들

에 지각되기 위해서는 일종의 알람 역할을 하는 뇌간 영역 내의 중심을 자극해야 한다. 따라서 자극들은 우선 대뇌에 도달한다. 그들이 그곳에서 '의식'이 되는지의 여부는 그물 형태라고 불리는 부분인 뇌간에 달려 있다. 뇌간은 그 발전

과정의 역사에 있어서 뇌에서 가장 오래된 부분이다. 그것은 생명을 위해 중요한 신체의 조절작용과 호흡, 소화, 심장박동, 혈압, 수면, 반사(삼키는 것, 기침, 재채기) 기능을 전자동으로 조정한다.

뇌간 뒷부분에 있는 소뇌는 신체의 동작이 조화로운지를 '감독' 한다. 대뇌의 명령들은 그에 상응하는 근육에만 전달되며, 균형감각과 능숙함이 유지될 수 있도록 한다. 이렇게 구별되는 공동작업은 수작업이나, 스포츠 동작의 진행 과정에서 결정적인 역할을 한다.

간뇌에는 시상과 시상하부 부분이 속한다. 시상하부는 뇌하수체와 함께 전체 호르몬계를 조정한다. 겨우 콩만한 크기의 뇌하수체는 짧은 관을 통해 시상하부와 연결되어 있다.

대뇌의 여러 영역으로부터 시상으로 계속해서 정보들은 보내어진다. 시상은 뇌하수체와 대뇌변연계와 함께 이 정보들을 이미 존재하는 경험들과 비교하면서 기쁨이나 두려움,

고통이나 즐거움 같은 느낌들을 수반하게 한다. 시상은 그것들을 다시 대뇌로 보내고, 여기에서 정보들은 마침내 '체험'이 되는 것이다.

이런 상호작용은 감정과 관계된 모든 것들이 우리의 주의력을 더욱 강하게 사로잡고 학습이 더욱 잘 되도록 한다는 것을 분명하게 입증한다. 예외적인 것은 스트레스나 두려움에 의해 사고가 봉쇄되는 것으로 이것은 우리의 학습 능력을 결정적으로 제한시킨다.

관계되는 자극들을 평가하는 데 참여하는 대뇌변연계는 대뇌와 시상에 속하는 부분들과 히포캠퍼스를 포괄한다. 그 모양 때문에 해마라고도 불리우는 이 뇌 영역은 학습하는 데 필요한, 새로이 얻은 인상들을 기억으로 전달하는 중요한 임무를 지닌다.

해마가 없으면 이미 경험한 것을 단시간 후에 기억한다는 것은 불가능해진다. 그러나 이전에 저장해 두었던 정보들을

히포캠퍼스의 뇌영역은 마치 해마처럼 보인다.

다시 꺼내는 데는 지장이 없다. 추가로 해마는 다른 새로운 정보들이 현재 진행되고 있는 작업을 방해하지 않도록 하는 것에도 관계하는 것 같다.

정보들을 저장하는 종착역은 뇌의 가장 많은 양을 차지하는 대뇌이다. 우리의 모든 경험들은 지금까지 설명한 작업

### 뇌의 지면과 그 기능들

인간의 뇌는 그 기능에서 볼 때, 사고와 학습을 위한 다양한 해당 영역을 지닌 독자적인 지면으로 분류된다. 우리의 지식은 뇌 전체에 나뉘어지고, 정보를 불러내는 것은 효과적인 임무의 분할과 이상적인 상호작업으로 이루어진 결과이다. 우리가 책을 읽거나 운전을 하건 간에, 매번 수백만의 신경세포들, 즉 뉴런들 간에 집중적인 의사소통이 이루어진다.

따라서 학습 능력과 기억력은 뇌의 신경연합체의 순조로운 상호작용에 좌우된다. 이를 통해 낯익은 인상들을 다시 인식하고, 그것들을 새로운 경험들과 함께 축적한다. 장기간 기억에 담아두는 것은 중요한 것, 그리고 우리에게 '지속적인' 인상을 주는 것이다. 좋은 기억력을 위해 필요한 다른 전제조건은 뇌를 규칙적으로 사용해 주어야 한다. 즉 뇌는 항상 새로운 자극과 훈련을 받아야 기능이 향상된다.

들을 통해 — 모든 뇌 영역들의 상호작용 속에서 — 어린 대뇌 표피에 새겨짐으로써 투영된다. 그 과정에서 말하기, 보기, 듣기, 느낌과 동작에 특정 부위가 분업화하여 관여하는 것으로 추정되고 있다. 대뇌에 흩어져서 저장되어 있는 생각들이 조합되고 연결되는 것은 연상 영역(연결 영역)에 의한 것이다. 그 외에도 여기에서는 기억들이 장기간 저장된다.

　마지막으로 언급될 것은, 대뇌가 두 개의 대칭적인 반쪽(반구 영역)으로 이루어져 있으며 이들은 신경줄기인 뇌량으로 서로 연결되어 이를 통해 정보들을 교환한다는 것이다. 대뇌의 왼쪽 부분은 '분석적인 사고'를 담당하는데, 이것은 셈을 하고 말을 하며 세부적인 것을 모으고 체계화시킨다. 거기에서 언어 중심의 가장 우선적인 특성은 '풍부한 표현'이다. 대뇌의 오른쪽 부분은 '감수성'을 담당하는데,

공간적인 지각이나 그림, 음악, 그리고 다른 창조적인 능력, 정서적인 것을 표현하거나 감지하는 능력에 대한 감각이 이에 속한다.

## 기억은 어떻게 기능하는가

좋은 기억력은 일반적으로 정신적인 건강함을 의미한다.

어느 날 기억력 때문에 곤란을 겪게 되면 더 많이 불만을 터트리는 이유가 아마 이 때문일 것이다. 로마의 철학자이면서 정치가인 키케로도 이미 2000년 전에 '기억력은 쓰지 않으면 줄어든다'고 말했다. '쉬면 녹이 슨다'는 말은 근육이나 관절뿐만 아니라 기억력에도 해당되는 말이다.

이와 관련해서 왜 어떤 정보는 잘 남아 있고 어떤 것은 금방 사라지고 금방 잊어버리는지에 대해 살펴보는 것은 분명 흥미로운 일일 것이다.

## 초단기간, 단기간, 그리고 장기간의 기억

감각이 받아들인 수많은 인상(정보)들은 끊임없이 우리에게 밀려들어온다. 우리의 감각기관들 — 눈과 귀, 코, 혀, 피부 — 에서 감지된 자극들은 신경통로를 거쳐 뇌로 전달된다. 수신하고 전달하는 능력은 기억의 독자적인 과정이 아니라, 단순히 밀려들어오는 인상들을 인식하는 것과 비교할 수 있다.

그 과정에서 초단기간의 기억은 일종의 '인상의 목록'으로서 기능한다. 즉 건물 입구의 수위처럼 새로 도착한 정보를 들여보내도 될 만큼 중요하고 흥미로운지를 검토한다. 그 선택 작업은 단지 몇 분의 일 초밖에 걸리지 않는다. 대부분의 인상들은 의식적으로 감지되더라도 단지 몇 초만에 다시 잊혀진다.

전문용어로 단기간 혹은 중간기간의 기억이라고 부르는, 몇 초에서 24시간까지 지속되는 과도기 저장은, 이런 인상

휴식 시간에는 때때로 회색 세포를 위해 조금의 건강 간식, 예를 들어 신선한 과일이나, 건과일을 해바라기 씨앗이나 호두알과 함께 먹어보자.

들을 우선 뉴런으로 만들어진 뇌의 통로를 통해 전기적인 충격으로 전달된다. 여기에서 이미 특정한 저장기능이 수행되는데, 그렇더라도 이것이 지속적인 기억으로 고착되지는 않는다. 물론 모든 정보들이 이 저장고에 들어가는 것은 아니고 실제로는 계속 작업을 거친다.

밀려드는 자극들의 한 부분은 그다지 오랫동안 남아 있지 않고 곧 없어진다. 과도한 정보들과 지나친 자극들을 과도기의 저장고에 모두 넣기에는 벅찰 것이다. 흥미가 없거나, 이미 존재하는 정보들과의 관련 가능성이 없고, 부수적인 정보들에 의해 강한 방해를 받게 되면 처음 정보들의 전기적인 무리들은 저장되기도 전에 사라질 수도 있다.

단기간 기억의 예로는 전화번호를 금방 외우는 능력을 들 수 있다. 어느 전화번호를 금방 외웠다가도 계속 다른 전화번호를 눌러야 할 경우 처음 번호는 금방 잊어버리게 된다. 그 정보는 장기간의 기억 속에 저장될 만큼 중요하지 않기 때문이다. 그렇지만 하나의 전화번호를 매일 사용하고, 기억하는 과정을 되풀이한다면 언젠가 그 번호는 각인될 것이다. 물론 그 대화가 중요하다면 더욱 더 그럴 것이다.

단기간의 기억에서 더 이상 사용되지 않는 모든 기억들은 차츰 차츰 사라진다. 단기 기억이 작용하는 다른 예로는 머리 속에 만들어진 식료품의 목록을 들 수 있는데, 이것은 장을 보고 난 후에는 점차 잊혀지는 것이다. 이렇게 뇌는 분류를 하면서 쓸모 없이 되어버린 지식이라는 짐을 벗는다.

밀려들어오는 자극과 관련한 전기적인 흥분을 지속적인 정보 저장으로 전달하는 것은 뇌의 물질 변화를 통해 이루어진다. 아마도 과도기의 저장고인 중간 기억의 한 부분은 이미 이런 기억을 각인하기 시작했을 것이다.

학습한 것을 장기간의 기억에다 최종적으로 고착시키는

뇌는 항상 쓰는 전화번호 같은 중요한 정보만을 장기간의 기억에다 저장한다.

것은 이미 기술했듯이 단백질 관계의 구조 변화에서 이루어지는 시냅스의 변화에 기인한다고 추측하기도 한다.

기억의 흔적들이 장기간의 기억으로 이어지면 이것은 뇌에 화학적인 흔적을 남기게 된다. 이것을 고착, 혹은 엔그램, 학자들은 장기간의 기억 속에 남아있는 정보들의 저장을 엔그램이라고 칭한다

기억한 내용을 저장하면서 특정한 단백질 산물은 신경세포 속으로 들어간다.

그 연관성은 쉽게 설명될 수 있다. 우리가 정보들을 받아들이고 작업하고 저장하면 뇌에서도 물질의 변화가 일어난다. 인상들은 어떤 형태로든 기억이 가능하도록 고정이 된다. 이 과정에서 중요한 성분은 단백질 프로테인으로 그 능력이나 모양, 특수한 특징을 바탕으로 다양하게 변화되어진다. 따라서 학자들은 정보들과 함께 장기간의 기억에 고착되는 단백질을 기억분자라고 칭한다.

## 나이가 들면서 감퇴되는 뇌의 능력

많은 사람들은 나이가 들면서 뇌의 능력이 퇴보하는 것을 운명으로 여긴다. 생리적인 요인으로 미세하게 뇌의 총량이 줄어들고, 신경전달체(신경전달물질)의 분배가 줄어드는 것, 몸에 맞는 단백질이 감소하는 것을 들 수 있다.

뇌도 훈련을 받아야 한다. 규칙적인 두뇌 훈련은 노년에 뇌의 능력이 감퇴되는 것을 예방할 수 있다.

인생을 지속적인 학습 과정으로 생각하고 지적으로 활발한 사람은 나이가 들어서도 정신을 건강하게 유지할 수 있다.

신경세포가 죽는 것은 뇌의 능력이 감퇴되는 것에는 별로 영향을 미치지 않는다. 왜냐하면 뇌는 이미 충분하게 비축량을 갖고 있기 때문이다. 그러나 모두들 나이든 사람들이 유년기에 대해서는 아주 인상적으로 설명하면서 바로 엊그저께 일어난 일은 기억하지 못하는 현상을 알고 있을 것이다. 이러한 현상의 원인은 장기간의 기억으로 이어지는 과정이 힘들어진 것이다. 노년기에는 젊었을 때처럼 정보에 대한 인상을 그렇게 빨리, 그리고 쉽게 남기지 못한다.

전체적으로 뇌는 나이가 들면서 느리게 활동하긴 하지만, 규칙적으로 두뇌 훈련을 하면 정신을 계속 활발하게 유지할 수 있다. 따라서 시냅스의 구조를 바꾸는 것을 촉진시키고 접점을 강하게 만드는 연습을 집중적으로 하는 것이 필요하다.

호기심이 많고, 정신적으로 활발하고, 주의력이 있으며, 적당한 관심을 갖고 지적인 자극을 받는 사람이 뇌를 젊게 유지할 수 있다. 물론 영양 섭취와 운동을 포함한 전체적인 생활습관이 결정적인 역할을 한다.

따라서 두뇌 훈련은 평생 동안의 장기적인 학습 과정으로 받아들여야 한다. 정신적으로 건강하고, 충분한 움직임과 올바른 영양분, 그리고 긴장과 이완을 적당히 조절하면서 뇌를 도와야 한다. 반대로 단조로움과 정신적인 고립은 뇌에는 치명적인 독이 된다.

V02

# 뇌 활동의 촉진을 위해

# 제2장

# 뇌 활동의 촉진을 위해

인간은 자신의 혈관만큼 건강하고 젊고 활기 있다. 따라서 건강한 영양섭취를 하고 충분히 움직이면서 동맥경화를 예방해야 한다.

2,000년 이상이나 오래된 격언인 '건강한 육체에 건강한 마음이 깃든다' 는 말은 몸과 정신의 건강이 서로 얼마나 밀접하게 관련되어 있는지를 가장 잘 설명해 준다.

흔히 인용되는 이 격언은 단지 흘러가는 이야기가 아니다. 이상적인 두뇌를 위한 힘의 기초를 다지려면 평생을 책임감 있고 능동적으로 노력해야 한다는 것을 뜻한다.

모든 두뇌 활동이 별 무리 없이 서로 조화를 이루려면 결정적으로 신진대사가 완전하게 이루어져야 한다. 그 중에서도 가장 중요한 것은 뇌의 혈액순환이다.

왜냐하면 몸의 순환에 필요한 모든 물질들은 혈액을 통해 뇌로 전달되기 때문이다. 높은 산소 요구량과 균형 있는 영

양분을 공급하기 위해 뇌는 특수한 시스템을 갖추고 있는데, 이 시스템을 이루는 세포를 글리아세포라고 한다.

이 글리아세포는 신경세포, 즉 뉴런들을 먹여 살리는 연결망을 말한다. 잘못된 영양이나 운동부족, 그리고 다른 잘못된 생활습관(예를 들면 기호품을 남용하는 것)은 혈액순환에 지장을 주게 되고, 이 때문에 뇌의 활동은 감퇴될 수밖에 없다. 영양분을 충분히 공급받지 못하면 뇌의 기능은 멈추기까지 한다.

뇌는 극도의 산소결핍 시 단 몇 초만에 기능이 정지돼 버린다. 아주 극단적인 예로 심장마비를 들 수 있다. 혈관벽의 변화, 무서운 동맥경화로 뇌동맥이 완전히 막혀버리는 것이다.

## 스트레스는 생각하는 힘을 떨어뜨린다

뇌의 활동에 동맥경화와 유사한 작용을 하는 것이 스트레스다. 그렇다고 스트레스가 부정적인 영향만을 끼치는 것은 아니다. 스트레스란 어느 정도 생활에 필요한 필요악이다. 스트레스는 적당한 자극제가 되어 신체가 최대의 능력을 발휘할 수 있게 하는 원동력이 되기도 한다.

스트레스 상황에서 우리는 내적으로 긴장을 하게 되며, 경계를 하고 방어하는 자세가 된다.

우리는 스트레스를 흔히 능력 위주의 현대 사회가 빚어낸 부정적인 결과로 이해한다. 자신의 능력보다 지나친 것을 요구받는 스트레스에 대해 신체는 직접적인 반응을 보이지는 않는다.

맡겨진 일의 기한에 쫓기는 것을 부담이라고 느끼는 사람은 일을 처리하는 방법에 대해 스스로 생각해 보아야 할 것

우리가 스트레스를 받고 있다고 느끼면, 뇌도 고통을 받게 된다. 그러나 스트레스는 나쁜 것만은 아니며, 유기체의 활동을 활성화시키는 데 있어서 어느 정도는 필요하기도 하다.

이며, 적어도 퇴근 후에는 스트레스를 풀기 위해 노력해야 할 것이다.

어떻게 스트레스에 대처해야 하느냐에 따라 스트레스는 우리에게 약이 되기도 하고 독이 되기도 한다. 긍정적인 영향을 미치면 뇌를 활성화시켜 주지만, 반대로 부정적인 영향이 강해지면 심리적으로 불안에 빠지게 되고 질병으로 발전할 수도 있다.

뇌 기능과 연관지어 볼 때 문제가 되는 점은, 부정적으로 느껴지는 스트레스가 정신적인 능력에 어떤 영향을 미치는가 이다.

만약 당신이 많은 청중들 앞에서 강연을 하다가 갑자기 말문이 막혔다고 상상해 보라. 물론 말하려던 것이 머리 속에는 저장되어 있지만 그 순간 그것을 불러낼 수가 없다. 정신적으로 무엇엔가 봉쇄되어 어떤 명확한 생각도 할 수가 없다. 아마 당신은 그 곳에서 도망쳐서 어디든 숨고 싶을 것이다.

그렇게 갑자기 생각이 꽉 막히는 것을 '앞이 캄캄해진다' 고 한다. 이런 경우 아드레날린이나 노르아드레날린 같은 호르몬 작용이 문제가 된다. 이런 '스트레스 전달물질'이 지나치게 혈액에 흐르면 방어와 도피 같은 신체 활동에 작용한다. 이런 행동들은 우리의 유전자의 한 부분이다.

만약 우리의 조상이 야생동물과 마주 섰다고 가정하여 상

### '사고를 돕기 위한' 정신훈련

당신의 뇌가 충분한 산소를 공급받고, 신진대사가 활발하고, 호르몬 공급의 균형이 잡혔다 할지라도 모든 학습 내용이 그냥 들어온다고 생각해서는 안 된다. 그 작동 시스템을 규칙적으로 사용하지 않고, 뉴런들을 계속 쉬게 한다면 아무리 좋은 조건이라도 그다지 효과를 거두지 못한다.

대부분의 학습 상황에서 훈련은 불가결한 것이다. 우리 뇌가 섭취하는 '정신적인 영양분'은 외부로부터의 자극이다. 뇌는 이 정신적인 영양분을 필요로 한다. 이것은 동시에 여러 가지 자극으로부터 얻어지는 것이다.

운동 부족, 잘못된 영양, 수면 부족, 기호식품의 남용, 과도한 스트레스, 좋지 않은 환경들(예를 들어 소음)은 장애가 되며, 뇌의 이상적인 활동에 나쁜 조건이 된다.

상해 보자. 그들은 그다지 오래 생각하지 않을 것이다. 그들은 자신의 목숨을 구하기 위한 어떤 행동, 즉 도망치거나 싸워야만 한다.

우리의 뇌는 위협적으로 느껴질 정도의 스트레스를 받으면 대대로 물려받아 온 생존본능을 자동으로 작동시킨다. 바로 그 순간에는, 더 중요한 반응을 위해 '숙고'하는 것은 차단된다. 즉 시간을 최대한 더 중대한 것에 집중시키기 위한 본능이 발동하는 것이다.

## 학습의 전제조건 : 긴장완화

이미 설명했듯이, 스트레스는 활성화와 긴장을 위해서 가치중립적이다. 그 말은 일상생활에서 스트레스 없이는 성공적인 행동을 위해 필요한 최대한의 능력 발휘와 최대한의 에너지 발산이 없다는 것이다.

각자의 건강을 위해 스트레스와 긴장완화의 균형 있는 리듬은 필수적인 것이다. 스트레스는 장기간 지속되어서는 안 되며, 그렇게 되면 원래 스트레스가 가진 긍정적이고 활동적인 자극은 부정적인 긴장으로 바뀌게 된다. 정신적인 활동도 긴장과 긴장완화의 주기가 서로 맞아야 증대된다. 따라서 "어떻게 하면 모든 스트레스를 피할 수 있을까?"라고 물을 것이 아니라, 적당한 스트레스 극복 방법을 묻는 의미에서 "스트레스를 이기는 훈련은 어떻게 하는가?"라고 질문해야 할 것이다.

## 긴장을 푸는 연습

긴장과 스트레스를 푸는 가장 간단한 방법은 자유시간을 활용하는 것이다. 과도한 스트레스에는 상대적으로 운동이나 다른 균형을 잡아주는 취미활동으로 대응할 수 있다.

운동은 스트레스를 푸는
가장 효과적인 방법이다.

규칙적인 신체활동은 긴장완화신경(부교감신경, 혹은 미주신경)에 긍정적인 영향을 미치며, 움직이면서 얻는 만족감은 정신력 강화와 심리적인 편안함을 지속시키기도 한다.

불안감, 공부하기가 싫은 것, 집중력 부족, 피로, 경직된 태도, 수면 장애에 제대로 대응하기 위해서는 긴장을 푸는 것부터 제대로 배워야 한다. 긴장을 풀게 되면 무슨 일에든 수용할 준비가 더 잘 되고, 긍정적인 사고를 가질 수 있게 되며, 집중력 있게 능력을 더 잘 발휘할 수 있다.

긴장을 푸는 것을 마스터해서 적용하려면 우선적으로 최대한의 집중력과 학습이 요구된다.

효과적인 긴장완화를 위해 적합한 방법은 야콥슨의 '점진적인 근육이완' 과 '자율훈련법' 을 들 수 있다. 이 두 가지 방법의 목적은 정신과 영혼을 쉬게 하는 것이다. 심한 내적

불안을 겪는 사람은 자율훈련법보다는 점진적인 근육이완에 더 쉽게 다가갈 수 있다.

스스로 긴장을 푸는 과정은 강좌나 개별적인 수업을 통해 전문가의 도움 하에 배울 수 있다. 자율훈련법의 경우 이 수업이 필요할 것이다. 두 가지 방법으로 지속적인 성공을 거두기 위해서는 꾸준히 반복 연습을 해야만 한다.

그에 반해 명상법, 예를 들어 요가의 여러 동작들은 정신과 마음의 상태를 최대한 활성화시키고, 의식을 확대시키는 것을 목표로 한다. 현대인의 생활습관과 조화를 이룰 수 있는 인기 있는 방법 중 하나가 오랜 역사를 가진 동양의 요가와 특수한 호흡법이다.

개개인에게 어떤 방법이 더 적합한지, 구체적인 방법은 많은 책들에 나와 있다. 여기서는 위에 언급한 스트레스를 푸는 방법들을 간략하게 설명하고자 한다.

## 점진적인 근육이완 – "긴장을 통한 긴장완화" 원칙

미국의 의학자 에드문트 야콥슨은 1934년에 이미, 두려움을 느끼는 상태와 근육의 긴장 정도는 서로 상호관계에 있다는 것을 확신하였다. 때문에 그는 근육을 이완시키는 동시에 두려움과 스트레스를 해소하는 방법을 시험했다. 그의 방법은 훈련자가 우선 의식적으로 근육을 가능한 한 강하게 긴장시켰다가 갑자기 그 긴장을 풀어주는 것이었다. 먼저 근육을 긴장시키면 때로는 그 후에 긴장완화 효과가 자동적으로 나타나기도 한다.

## 자율훈련법

자율훈련법은 베를린 신경학자 요하네스 H. 슐츠에 의해 고안된 심리치료적인 훈련 방법이다. 우선 전문가의 지도 하에 자기최면과 연상(예를 들어 온기나 무게를 느낀 경험)을 통해 '집중적인 자기 긴장이완' 에 도달하는 것이다.

자율훈련법이나 명상 같은 긴장완화 기술을 배우려면 우선 고도의 집중력을 길러야 한다. 긴장완화는 충분한 산책이나 운동, 점진적인 근육이완, 혹은 요가 같은 신체적인 활동을 통해서도 이루어진다.

이 훈련을 통해 연습자는 거의 수면 상태에 가까운, 소위 미주신경 특유의 긴장이완 상태에 도달한다. 연습자는 특정한 감정이 평정과 무게, 그리고 온기 연습을 단계별로 거치면서 긴장이완과 휴식의 깊숙한 단계로 옮겨가도록 집중한다.

## 명상

명상 연습(숙고, 사고, 종교적인 침잠, 성찰하면서 관조하는 것)은 인도, 중국, 한국 등지의 동양문화에 그 뿌리를 두고 있다.

모든 명상 형태의 핵심은 정신의 힘으로 육체와 마음의 평안을 돕는 것이다. 이런 상태에 도달하기 위해서는 특정한 자세, 원칙, 집중, 그리고 '자아로 침잠' 하는 방법이 사용된다.

## 시각화(연상)

스스로 편안하게 생각되는 상황을 골라 그것을 그림으로 상상하는 것 — 예를 들어 휴가에 대한 기억 — 은 의식적으로 노력하지 않고도 긴장을 완화하는 데 도움이 된다. 또 하나 장점은 그와 연관된 긍정적인 생각들이 학습에 기쁨을 갖도록 해준다는 것이다.

시각화의 효과를 스스로 느끼기 위해 작은 실험을 따라해 보라.

- 편안하게 누워서 조용히 숨을 들이쉬고 내쉰다. 이것은 스스로의 내면으로부터 전해져 오는 조용한 음악에 음을 맞추고, 생각이 나래를 펴도록 도와준다.

- 그리고 특히나 마음에 드는 장소를 골라 눈앞에 그려 보라. 그와 연관된 쾌적한 인상들을 기억 속에서 다시 되살아나게 해 보라. 그것은 휴가기간의 휴식이나 바닷가에서의 산책, 언덕에서 시원하게 산비탈을 내려다

보는 것일 수도 있다.

그려지는 풍경 속의 평온함을 붙잡으려고 노력해 보라. 그리고 그 효과에 몸을 내 맡기라. 몽상 속에서 전혀 다른 곳에 가 있는 것, 그것은 가장 효과적인 창의력 훈련이 될 것이다.

## 올바른 스트레스 방어음식으로 평정을 유지한다

스트레스에 보다 더 잘 대응하려면 위에 설명한 방법과 더불어 편안하고 즐겁게 영양섭취를 하는 것이 병행되어야 한다. 식사를 위해 충분한 시간을 가져야함은 물론이다.

그런데 현대인의 생활 조건은 이와는 정반대 되는 것이다. 대표적으로 패스트푸드점 이용의 생활화는 심각한 예가 아닐 수 없다.

그 결과 소화기관 자체에서 발생하는 스트레스가 적지 않

다. 식사시간이 즐거워지려면 식사를 즐기는 것 이외에도 신진대사가 아무런 문제없이 기능해야 한다. 무엇을 먹는가가 아니라 어떻게 먹는가 하는 것이 효과적인 스트레스 방어법인 것이다.

식사를 마치고 나면 작은 휴식시간을 가져 보라. 조용히 즐거운 생각에 잠기는 것은 분명 스트레스를 해소하는 좋은 처방이다.

스트레스를 푸는 다른 중요한 것은 탄수화물과 아미노산, 비타민 B와 같은 특정 영양분과 그리고 신체적인 긴장 이완을 돕는 항스트레스 무기물인 마그네슘이다. 기억할만 한 것은 뇌를 위한 건강식이 가장 좋은 스트레스 방어음식 이라는 점이다.

어떤 영양분이 뇌에게 가장 큰 에너지원이 되는지는 다음 장 90쪽 이후를 참고하라.

## 호흡과 뇌의 활동

우리의 뇌가 문제없이 활동하기 위해서는 영양분의 지속 적인 공급 이외에도 산소 공급이 절대적으로 필요하다. 혈 액순환을 통해 산소는 끊임없이 뇌로 보내져야 한다.

숨을 한 번 깊이 들이쉬는 의식적인 호흡은 스트레스를 효과적으로 해소하는 방법이다. 이러한 호흡은 심리적 평정을 되찾게 하고, 다시 맑은 생각을 할 수 있게 한다.

100그램의 뇌세포 조직은 1분에 대략 58밀리리터의 혈액, 그러니까 3~7밀리리터의 산소와 5~6밀리그램의 글루코스(포도당)를 필요로 한다. 따라서 뇌는 매일 약 1200리터의 혈액과 75리터의 산소와 115그램의 포도당을 필요로 하는 것이다.

뇌에는 산소와 글루코스가 거의 비축되어 있지 않기 때문에 혈액순환은 대단히 중요하다. 혈액의 흐름이 차단돼 산소 부족 상태에 빠지면 몇 초 안에 의식을 잃고, 몇 분 안에 치명적인 뇌 손상을 입게 된다.

다섯 번 호흡을 한다고 할 때 그중 한 번은 순전히 뇌를 위한 것이다. 따라서 숨을 쉰다는 것은 살아 있다는 말과 동일해지는 것이다. 고대 그리스인들이 령(靈)이라는 글자를 '호흡', 혹은 '정신'으로 이해한 것은 우연이 아니다.

호흡은 사고하고 학습하는 데 똑같이 중요한 역할을 한다. 호흡은 생명에 필요한 산소를 공급해 준다. 다른 한편,

긴장완화와 집중력 증대를 통해 뇌 활동에 긍정적인 전제조건을 만들어 준다는 점에서 호흡의 리듬(숨을 들이쉬고, 멈추고, 내쉬는 것)은 하나의 방향을 제시한다. 리드미컬한 호흡은 특히 요가의 테크닉에서 볼 수 있다. 이 가르침에 따르면 의식적인 호흡의 과정은 프라나, 즉 생명의 령(靈)과 연결된다고 한다. 모든 문화권에서 올바른 호흡은 영혼과 정신, 신경을 위한 향유로 여겨졌다.

## 호흡을 위한 제안

산소의 수용과 소모를 근본적으로 개선하기 위해서는 지속적으로, 그리고 규칙적으로 몸을 움직여야 한다. 의식적인 호흡법은 부수적으로 긴장완화와 집중력을 길러준다. 그렇지만 주의해야 할 것은 적합한 호흡 연습은 전문가의 지도 하에, 예를 들어 강습을 통해 배우면 더욱 쉽다는 것이다.

　이 책에서는 긴장완화와 호흡법에 관해서 뇌와 학습능력에 필요한 기본적인 것만을 언급하겠다.

## 운동을 하면 머리가 좋아진다

　다리를 움직이면 뇌를 먹여 살린다는 말이 있다. 육체적인 활동은 〈심장 – 순환 – 활동〉을 엮어 주며, 뇌의 혈액 공급에 긍정적인 영향을 미친다.

　이런 맥락에서 주목해야 할 한 가지는 뇌세포들이 섬세한 혈관망을 관통하고, 이를 통해 산소와 영양분을 뇌에 배달한다는 점이다. 이미 성장한 동물들을 상대로 실험한 결과, 뇌에서 미세한 혈관들의 밀도는 바퀴 위에서 달리기 훈련을 시킨 후 더욱더 증대된다는 것이 증명되었다.

지속적인 훈련이 아닌, 동물들에게 강도 높은 과업을 부과하는 '체험코스'를 마치게 한 다른 연구 결과에서는 뇌의 혈액뿐만 아니라 뇌세포 간의 연결이 더욱 증가되는 것이 관찰되었다.

실험 결과에서 알 수 있듯이 스포츠를 통해 이루어지는 뇌의 새로운 접점들은 창의력 같은 정신적 능력의 향상에 중요한 영향을 미치고 있는 것이다.

**운동이 뇌에 미치는 영향**

- 혈액을 증가시키고, 이를 통해 산소와 영양 공급을 증가시킨다.
- 뇌의 접점을 새로이 만들어 낸다.
- 뇌에서 신경전달물질 합성을 위해 필요한 아미노산
  - 전단계(前段階)를 더 원활하게 공급한다.
- '항스트레스'와 '좋은 기분 물질'인 세로토닌과 도파민, 노드아드레날린을 분비시켜 효과적인 학습과 창조적인 사고에 필요한 기분을 조성한다.

## 스트레스로부터의 탈출

운동은 심장과 신진대사에 좋을 뿐만 아니라 지적 능력과 기분도 향상시킨다. 규칙적으로 운동을 하면 덜 긴장하게 되고, 집중해 일을 할 수 있다. 운동 후 간혹 더 좋은 아이디어를 얻는 것은 그 때문이다.

스포츠에는 그밖에도 더 많은 장점이 있다. 즉 스포츠(신체 활동)는 과도한 출혈을 막기도 한다.

보통 교감신경계는 스트레스를 받는 상황하의 과도한 자극에 대해 유난히 빠른 속도로 스트레스 호르몬을 쏟아낸다. 스포츠는 거기에 대항한다는 것이 증명되었다. 예를 들면 미주신경의 조성을 활성화시켜 스트레스에 견디는 저항력을 높이고, 긴장완화를 조정한다는 것이다. 마지막으로 운동은 혈액 속에 순환하는 스트레스 호르몬을 인체 스스로가 해소할 수 있도록 돕는다.

또한 간과해서는 안 될 것이 산소를 전달하는 〈심장 - 순환 - 활동〉 체계에 미치는 운동의 물리적인 영향이다. 규칙적으로 지구력 운동(조깅, 크로스컨트리, 자전거 타기, 수영 등)을 하면 콜레스테롤이 혈관벽에 축적되어 혈류를 막고, 세포의 산소 공급과 그 소모를 악화시키는 모든 위험(동맥경화)을 예방할 수 있다. 이처럼 스포츠는 잘못된 영양이 신체조직에 미치는 부정적인 결과와 사용하지 않음으로써 조기에 나타나는 신체 일부의 노화현상까지도 조정한다.

인간이란 유기체 조직이 그 기능을 완벽하게 수행하고, 그 생산성을 유지하기 위해 적당한 부담(스트레스)을 필요로 한다는 것은 논란의 여지가 없다. 이런 생리적인 법칙은 근육과 뇌세포에 똑같이 적용된다.

## 스포츠는 머리가 하는 일이다

유감스럽게도 신체가 활동을 하는 동안, 특히 이 활동이 직업활동과 관계가 없고 놀이나 스포츠 활동일 경우 뇌는 그저 쉬고 있다고 생각하기 쉽다. 하지만 사실은 정반대다.

스포츠를 할 때 뇌의 모든 부분은 활동 중이다. 이것은 정신적인 활동을 할 때보다 더 활발하다.

스키 선수가 활강을 하는 10초 동안은 수학자가 40초 동안 계산하는 것보다 더 많은 정보가 머리 속을 지나간다. 결국 스포츠 선수들이 얻는 좋은 결과는 신체와 정신의 훈련 결과인 것이다.

모든 성공은 머리 속에서부터 시작되고, 운동은 머리를 좋게 만들어 준다.


## 운동은 정신도 고무시킨다

'운동과 사고는 서로 하나다.' 이렇게 한 마디로 요약할 수 있다. 분명 생각과 근육의 작동 사이에는 처음 가정한 것보다 더 많은 연관성이 있다. 바로 '경험'이라는 단어가 그 공통 부분을 표현한다.

무언가를 배우기 위해서는 한 곳에 가만히 있는 것보다

이곳 저곳을 돌아다니는(예를 들어 도제들의 방랑기간) 것이 훨씬 더 능률적이다. 오늘날에도 많은 사람들이 무의식적으로 사고과정과 신체적인 움직임 간의 상호 영향을 이용한다.

예를 들면 어떤 사람이 누군가에게 편지를 받아 적게 할 때는 왔다갔다하는 단순한 동작을 되풀이하며 정신이 다른 곳에 쏠리는 것을 막는다. 또한 정신노동자들은 수영이나 자전거 타기, 걷기, 체조가 '신경 *끄기*'의 수단임을 스스로 터득한다. 당신도 분명 그 비슷한 경험을 했을 것이다.

어떤 난해한 책을 읽으면서 골머리를 앓고 있다고 하자. 생각하면 할수록 해답은 떠오르지 않는다. 이것은 정신적인 바리케이드가 쳐진 상태로, 그 자리에서의 단순한 휴식(잠시 눈을 감는다든지 하는)만으로는 없어지지 않는다. 그런데 그때 다른 방에서 전화가 울렸다거나 해서 몇 걸음을 걸어야만 했고, 그렇게 해서 생각하던 것을 중단해야만 했다. 그리고 다시 책상에 돌아와 앉으면 신기하게도 문제는 쉽게 해결되어 버린다.

운동, 즉 몸으로 일을 하는 것, 여기서는 몇 걸음에 불과한 이것이 머리 속의 바리케이드를 일시에 없애준다. 우리는 긴장을 풀게 되고 사고력은 다시 활성화된다.

무엇인가를 해야만 되겠다는 생각, 예를 들어 운동을 하려고 결정하는 것이 긍정적인 영향을 미친다는 것은 의심할 나위가 없으며, 우리로 하여금 축 늘어져 있는 것을 극복하도록 강요한다. 추진력이나 능력에 대한 자부심, 관철하는 힘, 자신의 신체적인 능력을 적극 활용하는 등의 효과적인 노력은 학습을 위해 더 나은 조건을 마련해 준다. 결국 팀 경기는 개개인이 가진 문제 해결 능력을 증대시킨다.

'뇌조깅' 도 분명 그러한 예와 크게 다르지 않다. 정신이 깨어 있길 원한다면 몸을 움직이는 것이 좋다.

운동선수에게 근육의 에너지원이 되는 탄수화물은 뇌와 신경세포도 최상으로 일을 하게 한다. 따라서 운동선수의 영양은 정신을 위한 최상의 영양인 것이다.

## 성공적인 두뇌활동을 위한 주변 조건

지금까지 설명한 학습을 위한 육체적인 전제조건 외에도 개인적인 학습 여건이 이상적으로 마련된다면 더 좋은 효과를 거둘 것이다. 육체적, 정신적 능력 발휘의 본질적인 성공 요소는 휴식과 활동을 적당히 유지하는 것이다. 휴식은 충분한 수면과 일하는 중간에 취하는 휴식을 생각할 수 있다.

당신은 몇 차례의 경험만으로도 충분히 알고 있을 것이다. 운동(저녁 산책을 하거나 퇴근 후 운동을 하는 것)이 편안한 수면을 취하게 한다는 것을. 밤늦게까지 정신활동을 하는 사람은 수면을 취하기 직전에 적어도 잠깐이라도 모든 일에서 신경을 끊을 필요가 있다. 예를 들면 가벼운 소설을 읽는다거나, 음악을 들으면서 긴장을 풀어야 한다. 그 외에도 개개인에게 맞는 밤낮의 주기를 조정하는 것이 좋다. 즉, 가능한 한 같은 시간에 일어나고 같은 시간에 잠을 잔다.

마찬가지로 두뇌 활동에 도움이 되는 것은 일을 할 때 자신의 육체적인 능률주기에 일을 맞추는 것이다. 유기체의 능률의 수위가 변하는 것은 어느 정도는 미리 정해져 있는 것이다. 최고의 능률을 발휘하는 시기는 많은 사람들의 경우 이른 오전과 늦은 오후, 초저녁이다. 하루를 계획할 때 반드시 주의해야 할 것이 있다. 너무 무거운 점심식사는 당연히 졸음을 부른다는 것이다. 부른 배는 알다시피 공부하기를 싫어한다! 음식을 소화시키는 데 동원된 혈액은 당연히 두뇌활동을 위해서 쓰이지는 않는다. 그렇다고 중간에 식사를 하지 않는다면 능률의 공백을 만들어 내 좋지 않다. 에너지가 모자라면 당연히 집중력도 저하되기 때문이다.

하루를 계획할 때는 개인적인 능률의 주기를 따르고, 중간에 식사를 함으로써 능률이 떨어지는 것을 예방한다.

밤의 휴식을 방해받지 않기 위해서는 하루의 마지막 식사는 가능한 한 취침 2~3시간 전에는 마쳐야 한다. 하지만 이것을 제대로 지키는 직장인은 없는 것 같다. 낮 동안에는 적게 먹고, 저녁에는 많이, 그리고 늦게까지 이어지는 술자리는 뇌를 배려하는 사람의 식습관이라 할 수 없다.

약간의 탄수화물이 든 저녁식사와 잠시 후에 꿀을 탄 녹차를 한 잔 마시는 것은 수면을 돕고, 항스트레스와 기분을 맑게 하는 호르몬인 세로토닌을 만들어 생화학적으로 이상적인 인체 조건을 구축한다. (105쪽 이하 참조)


## 이렇게 우리의 뇌를 훈련하라


생각을 필요로 하는 작업을 할 때 중요한 것이 학습의 조직화다. 인간의 뇌는 거의 지치지 않을 정도의 수용 능력을 가지고 있다. 하지만 때로 컴퓨터와는 달리 정보들이 저장되어 있는 창고에서 필요한 정보들을 체계적으로 내보내는 전제조건이 결여되기도 한다.

뇌를 돕기 위해서는 잘 정리되어 있는 서류철과 저장고, 독서카드 상자와 다른 작은 도우미들(메모장, 형광펜 같은), 올바른 작업장, 그리고 학습과 관련된 시간표가 중요하다. 시간에 쫓기면 지식도 남아 있지 않게 된다. 학습 내용도 체계를 잡아야 한다. 학습의 중단(일정한 학습 시간)은 학습의 질을 높이며, 학습 내용을 더 잘 받아들이게 한다. 휴식시간을 적당히 취하는 것도 학습에 도움이 된다.

마지막으로 지나친 부담과 의욕상실로부터 스스로를 보호하라. 가능하다면 학습의 대상(내용)도 다양화시켜야 한다. 무언가를 익힐 때 어느 한 감각이나 관념에만 의존해서는 안 된다. 인간은 정보를 수집하는 여러 통로를 가지고 있다. 여러 감각이 바로 그것이다.

우리는 읽은 것의 대략 10% 정도, 들은 것의 20%, 본

## 오감을 발달시켜라

'여러 감각'의 감지력은 작은 연습을 통해 키워라. 사과 하나를 먹더라도 사과에 다른 관심을 쏟아 보라. 우선 그 크기와 색깔을 관찰하라. 껍질이 매끈한지, 과육은 탄력이 있는지 만져 보라. 냄새는 어떠한가? 한 입 깨물어 씹히는 소리를 들어 보라. 그리고 천천히 씹으면서 신선한 맛을 완전하게 즐겨라.

인간은 시각적인 존재다. 우리 오감은 학습에 제각각 다른 정도로 참여한다. 눈은 75%, 귀는 13%, 촉각은 6%, 맛과 후각은 3% 정도다.

것의 30%(인간은 그림과 연관되는 작업을 가장 잘 한다), 보고 들은 것의 50%, 자신이 말한 것의 60%, 그리고 자신이 한 행위의 90%를 정보로 저장시키게 된다. 따라서 우리는 우리의 모든 감각을 통해 학습할 자세가 되어 있어야 한다.

쓰기, 말하기, 읽기, 듣기, 그리고 손으로 하는 동작 등을 교대로 하는 것이 중요하다. 그리고 크게 소리를 내어 학습하는 것은 작은 소리로 학습하는 것보다 효과적이다.

## 의미의 연관성을 인식하는 것

학습을 할 때 독창성과 상상력을 같이 활용하면 정보들은 뇌리에 더 깊이 남아 있게 된다. 새로운 어떤 정보를 받아들일 때는 이전의 경험과 결부시켜야 효과적이다. 다시 말해 이미 저장되어 있는 지식과 새로운 정보들 간에 의미의 연관성이 만들어지면 학습이 극대화된다.

뇌에는 — 비유하여 표현하자면, 여러 개의 '고리'가 미리 준비되어 붙어 있다. 그래서 거기에 새로운 옷(정보)들이 쉽게 걸릴 수 있게 된다. '견해 — 들여다보다' 라는 단어도 이를 통해 설명되어지지 않을까. 이런 연결 가능성이 없다면 학습은 어떻게 받아들여질까? 만약 그렇다면 학습은 위협, 혹은 폭력에 가까운 강요로까지 느껴져 뇌로부터 거부당할 수도 있다.

의미의 연관성, 사고의 구조물은 안전지대 같은 역할을 맡는다. 우리가 낱개의 새로운 정보와 세부적인 사실들을 친숙하게 받아들일 수 있는 것은 그 때문이다. 물론 학습자의 성공 여부는 다양한 관심사를 갖고 있느냐 없느냐에 달려 있다. 연결 가능성이 많아질수록 계속해서 늘어나는 정보의 흐름이 안전하게 흘러갈 수 있는 '도로망'은 더 촘촘해진다.

## 놀이를 통해 배운다

놀이는 우리의 사고력을 편안하고 효율적으로 훈련시키는 이상적인 방법이다. 놀이를 통해 자신의 '뇌를 훈련시키는' 방법을 배우면 사고력은 두 배가 되는 효과를 얻게 된다. 즉, 긴장을 푸는 동시에 문제를 풀어나가는 즐거움을 갖게 되는 것이다. 당연히 집중력과 창의력, 목표의식, 끈기, 자신감과 조합 능력도 좋아진다. 게다가 놀이에서 발휘되는 창의력은 우리 뇌의 예술성을 깨운다. 이것은 다른 일상적인 일에서 얻기 힘든 놀이만의 장점이다. 놀이는 공간

지각력을 되살아나게 하고, 좌뇌와 우뇌 간의 공동작업을 촉진한다.

놀이를 통해 훈련된 뇌는 분명 학교와 직장에서 두각을 나타내기 마련이다.

모든 종류의 정신적인 도전은 두뇌에 유익하다. 게다가 그 도전에 즐거움이 수반된다면 뇌에 연결망이 추가로 더 생겨난다. 따라서 억지로, 혹은 습관적으로 가로세로 낱말풀이를 한다고 뇌조깅이 되고 머리가 좋아지는 것은 아니다.

## 기억력 감퇴에 대응하는 약물

기억력과 집중력이 감퇴됐다고 해서 뇌에 영양공급이 부실해졌다고 볼 수만은 없다. 그러나 이미 언급했듯이, 많은 사람들은 자신이 노년에 치매에 걸릴 위험에 대해 거의 신경 쓰지 않는다.

자연스러운 기억력 훈련은 의식을 갖고 산다는 것을 말한다. 거기에는 새로운 것에 대한 많은 호기심과 학습에 대한 즐거움이 뒤따른다. 하지만 이것은 유감스럽게도 많은 성인들에게는 잊혀진 것이다.

　　치매(정신이 빠지는 것)는 노화와 관계되는 정신 능력의 감퇴를 뜻한다. 즉, 뇌가 천천히 점진적으로 노화되는 것이다. 해가 갈수록 뇌의 능력은 감소된다. 젊었을 때부터 벌써 '아무것도 하지 않음으로써 바보가 되는 것'은 특히 위험하다.

여하간 뇌는 90% 이상의 능력을 비축하고 있으며, 이를 어떻게 사용하느냐에 따라 우리는 노년까지도 정신적으로 건강하게 지낼 수 있다.

뇌 기능은 수많은 질병들로 인해 감퇴될 수 있다. 무엇보다도 뇌 속의 혈액량이 제한되는 것을 예로 들 수 있다. 이 경우 산소와 영양분을 뇌로 운반하는 혈관의 혈압이 높아지고 석회가 축적되어(뇌경화증) 혈관이 손상된다.

다른 예를 들면 단백질과 신경전달물질의 영역에서 신진대사 장애와 불안정자유원자(free radical)와 항산화 보호체계 간(비타민 E와 C)의 불균형으로 뇌 활동에 지장이 초래될 수 있다. 그런 장애의 경우, 약을 먹기 전 우선 생활습관을 바꿔 뇌 기능을 개선시키는 방법을 찾아야 할 것이다.

즉, 혈관을 건강하게 유지시키는 영양식, 지방이 적고 면역물질이 충분한 영양섭취와 충분한 운동이 필요한 것이다.

규칙적인 산책만으로도 뇌 혈액을 15% 정도 증가시킬 수 있다. 경미한 건망증에는 기억력 훈련이 가장 좋다.

그 외에도 뇌의 신진대사 장애에는 심리치료적인 방법이 있는데, 이것은 의사와 상의하는 것이 좋다.

뇌 혈액 공급과 산소 공급을 개선시키는 약제로는 은행잎 추출물이 잘 알려져 있다. 의사의 처방전이 필요한 다른 약들은 뇌 세포의 신진대사를 도와주는데, 예를 들어 노옵트로피카는 뇌 기능을 활성화시키는 효능이 있다.

**은행잎 추출물은 뇌의 혈액을 증가시킨다.**

기억할 것은, 이런 제재들은 뇌를 훈련시키며 투여할 때 한층 더 효과를 갖는다는 점이다. 영양분이 부족하고 훈련을 받지 못하는 뇌는 빨리 노쇠한다.

## 식물의 힘을 통해 신경과 뇌를 강화시킨다

채소와 양념들은 음식의 향을 좋게 할뿐만 아니라 고유의 약효를 가지고 있어 뇌를 안정시키거나 흥분시킬 수도 있다.

아니스, 딜(서양자초), 펜헬(회향), 멜리세(향수박하), 티미안(백리향) 등이 신경이완을 시키는 반면, 생강, 코리안더(고수풀), 카룸, 무스카트(육두구 열매), 피망, 박하, 로즈마린은 신경을 동요시키며 생기 있게 한다.

특히 회색세포에 흥미로운 것은 다음과 같은 식물건강식이다.

- **녹색의 보리차**는 어린 보리풀의 영양추출물로 미네랄 성분이 풍부하고 안티옥시단츠와 '생기를 갖게 하는' 녹색 엽록소 클로로필이 풍부하다.

동양의 몇몇 나라 사람들의 경우 녹차를 많이 마시고, 해초와 생선 (오메가 - 3 - 지방산)을 즐기며, 녹색의 보리즙과 인삼을 중요시하기 때문에 특히 머리가 좋다.

- **녹차**에는 신경을 긴장시키는 아미노산 물질이 함유되어 있어 가벼운 흥분을 불러일으킨다. 항산화물의 식물보호물질(카테힌)은 뇌혈관을 건강하게 유지시켜 준다.

- **귀리**는 뇌와 신경을 강화시키는 전통적인 곡류이다. 귀리는 특히 뇌를 맑게 하고 의욕을 불러일으키는 효과가 있는 것으로 알려져 있다. 서양 속담에 '귀리가 자극한다' 는 말이 있는데 일리가 있는 말이다. 귀리의 다른 영양소 중 뇌와 신경기능에 좋은 영향을 미치는 성분으로 비타민 B와 마그네슘, 콜린과 광범위한 필수 아미노산이 있다.

식물의 효과를 이용하는 식물요법에서 뇌와 신경기능을 위해 유용한 것으로 다음과 같은 약용식물들이 있으며, 현대 약학도 그 효과를 확인하고 인정하고 있다.

- **은행잎** : '지구상에서 가장 오래된 나무'의 잎. 동양
  의학에서는 예로부터 혈액순환장애와 집중력 감퇴에
  쓰여져 왔다. 은행잎 농축액은 모세혈관의 혈액 순환
  과 산소 공급도 개선시킨다. 따라서 뇌의 머리카락 굵
  기의 혈관에도 그 영향을 미친다.

- **인삼** : 전통적으로 중국의학에서 인삼근은 강
  장(흥분) 효과가 있다고 알려져 있다. 특히
  인삼은 뇌의 능률(지각력과 집중력) 증대
  와 신경 강화에 도움이 된다고 한다. 일련
  의 실험에서 실제로 인삼을 먹은 실험 대
  상자들이 플라세보군(위약실험군)보다 실
  수를 덜 한다는 것이 증명되었다. 특히 섬세
  한 신경이 더 많이 개선되었다.

- **물레나물과 식물**(요하네스, 히페리쿰 페르포라툼) :
  이 식물들은 이미 수 백년 전부터 민간에서 약용식물

로 사용되어 왔다. 민간에서 그 식물들은 '영혼의 햇볕'으로까지 불리울 정도였다. 오늘날 요하네스 제재는 가벼운 증상에서부터 중증의 우울증, 두려움, 신경불안에 사용된다. 요하네스 잎은 정신활동과 반응에 나쁜 영향을 미치지 않으면서 부드러운 흥분제와 기분을 밝게 하는 효과를 낸다. 전체적으로 요하네스 잎의 성분은 심리적인 상태와 세로토닌계에 좋은 영향을 준다.

• **가와**(후추과, 피퍼 메티스티쿰) : 지중해 지방에서 자생하는 이 식물의 뿌리에는 카바락톤이 들어 있다. 이 성분은 요하네스 잎의 성분과 비슷하게 우울증과 일반적인 불안, 신경과민에 도움이 된다. 물론 정상인 사람에게는 강한 영향을 미치지 않는다. 독일의 자연학자 요한 게오르그 포스터는 1773년에 이미, '신체적으로 지치고 신경이 날카로워진 사람은 곧 긴

장이 이완되며 평정을 찾고, 내적인 원기를 되찾게 된다'며 가와의 효과를 밝히고 있다.

위의 두 가지의 식물 심리치료제는 두려움, 긴장, 불안 상태에 도움이 된다.

식물제재는 그 성분을 필요로 하는 만큼 적당한 양으로, 양질의 것을 쓰는 것이 중요하다. 따라서 '약사에게 그 약의 질에 대해 물어보고, 의사에게 그 사용법을 물어 보라!' 는 충고를 따라야겠다.

마늘은 혈류를 개선시키고, 혈액 속의 지방 농도를 낮춘다. 따라서 혈관에 석회가 쌓이는 것(동맥경화)을 예방할 수 있다. 혈관벽을 말끔하게 해 혈류를 도움으로써 뇌에서 필요로 하는 영양분과 산소가 더 잘 공급될 수 있게 한다.

기원전부터 민간처방의 하나로 내려온 마늘은 양파와 소금과 함께 세계에서 가장 널리 쓰이는 양념이다.

## 뇌를 위한 건강식

영양섭취는 우리의 지적인 능률과 뇌의 생화학적 작용에 다양한 방식으로 그 영향을 미친다. 하나는 에너지와 영양분 부족이 정신활동(예를 들어 학습과 집중력)에 민감하게 작용한다는 것이고, 다른 하나는 영양 성분(단백질, 탄수화물, 포스포리피드의 함유량)이 호르몬의 규칙적인 순환과 뇌신경전달물질의 활동, 세포벽의 원활한 기능, 즉 전체적으로 정신－신경의 건강을 결정짓는 요소들에 결정적인 영향력을 갖는다는 것이다.

예를 들어 단백질과 긴 고리의 특정한 오메가－3－지방산이 부족하면 유아기의 뇌와 지적 능력 발달에 나쁜 영향을 미친다.

다음의 영양분과 영양 구성 성분은 신경과 뇌 기능에 기본적인 것들이다. 즉, 탄수화물은 특정한 양의 포도당에 의

존하는 뇌와 신경체계의 에너지원이고, 비타민 B는 조효소의 구성성분이고, 마그네슘은 효소활성 요소이다.

이 외에도 영양섭취에 있어서 탄수화물과 단백질과의 관계, 특정한 아미노산과 그 신진대사 생성물, 포스포리피드(레시틴)는 복합적이고 복잡한 과정을 거치면서 스트레스에 대한 반응과 학습능력, 집중력, 주의력, 원기, 기분 상태에 영향을 미친다. 마지막으로 하루의 식사를 어떻게 분배하고 구성하느냐의 문제도 중요하다.

다음 장에서는 이런 신비스런 연관성을 설명하고, 실생활에서 개인에 맞는 식단에 관해 합리적인 충고를 하고자 한다.

V03

# 뇌는 어떤 영양소를 필요로 하는가?

# 뇌는 어떤 영양소를 필요로 하는가?

인간이 살아가는 ― 호흡하고, 생각하고, 활동하는 ― 데에는 산소와 물을 포함해 대략 50여 가지의 기본 영양소들을 필요로 하게 된다. 이런 생명 요소들은 신진대사를 원활하게 하고 몸과 정신을 건강하고 편안하게 하고, 우리의 생명을 보호한다.

오늘날 먹거리에 대한 문제는 그 어느 때보다도 '양보다는 질' 이라는 구호에 충실하다. 그 이유는 자명하다. 예전에 비해 현대는 일의 형태가 육체적인 것에서 정신적인 것으로 옮겨졌고, 물론 영양도 이렇게 변화된 작업과 생활 조건을 따르게 된 것이다.

음식은 양보다는 질이 더 중요시된다.

　육체적으로 힘들지 않은 일을 하는 사람은 가벼운 식사를 필요로 한다. 그렇지만 가벼운 식사라도 정신과 신경의 건강을 위한 영양분들을 충분히 포함하고 있어야 한다. 책상에 앉아서 일을 하는 사람을 위한 식사는, 육체 노동자를 위한 충분한 에너지가 들어 있는 식사에서 지방분이 좀 빠진, 그러나 스트레스로부터 보호해 주는 음식이 적당하다. 즉 유기체 조직에 부담을 주지 않으면서 뇌에 활기를 주는 식단이어야 한다. 이런 영양 조건은 학생들에게도 동일하게 적용된다.

　정신적으로 최대한 능력을 발휘하도록 돕는 영양식은 운동선수들의 식사와 다르지 않다.

- 탄수화물이 주로 함유된 에너지식

- 지방분은 단지 눈에 띌 만큼만

- 생물학적으로 훌륭한 단백질

- 비타민과 무기물 성분이 충분한 영양식

뇌는 어떤 영양소를 필요로 하는가?

- 충분한 면역 물질(항산화 물질, 밸런스 물질, 이차 식
  물성 물질)

- 충분한 수분 공급

- 적절한 식사와 음료 시간. 즉 능률에 맞는 식사 주기

**물은 생명이다**

물은 전체 신진대사에 참여한다. 평소 물을 적게 마시는 사람은 집중력이 떨어지는 것을 느낄 것이다. 피의 농도가 진해지면 뇌로 가는 수분과 영양분의 전달 속도도 떨어지게 되며 혈액순환 장애도 일어날 수 있다. 묽은 사과즙(원액을 희석한)은 운동선수들의 갈증을 없애줄 뿐만 아니라 정신노동자들이 책상에 앉아 있는 동안, 혹은 회의 중에 마실 수 있는 이상적인 음료이다.

탄수화물, 지방분, 단백질과 같은 거대 영양분과 비타민, 항산화물, 이차 식물성 보호 물질, 밸런스 물질 등의 미소영양분들은 에너지 공급, 체 성분의 유지와 소모, 신진대사 조절, 건강 유지 등 신진대사의 여러 가지 기능과

식사와 음료는 몸과 정신에 영양분을 공급한다.

뇌는 어떤 영양소를 필요로 하는가?

### 영양분과 식품표

| 영양분 | 몸 속에서의 역할 | 식품 |
| --- | --- | --- |
| 탄수화물<br>(강화 당분) | 뇌, 신경·근육 세포에 에너지를 전달 | 곡물, 곡류 제품(빵, 씨리얼, 국수, 쌀, 비스킷), 감자, 과일, 설탕, 잼, 꿀 |
| 지방분 | 에너지 전달, 뇌 세포핵의 구성 성분, 비타민 A, D, E 등 지용성 비타민과 단순·다중의 불포화지방산을 만들어냄 | 버터, 마가린, 식물성유, 크림, 크림치즈, 마요네즈, 지방분을 포함한 생선, 치즈, 소시지, 땅콩류 |
| 단백질 | 신경·근육 세포를 구성. 신경전달물질을 만들어 내는 필수 아미노산<br>(단백질 구성 성분) | 육류, 육류 제품, 우유, 요구르트, 치즈, 생선, 계란, 콩류, 곡류, 감자 |
| 비타민 | 신진대사 조절, 건강 유지, 신경기능 구성 물질 | 과일, 야채, 잎, 곡식제품, 육류(철분, 아연, 셀렌), 생선(요오드), 우유, 유제품, 깨, 해바라기씨 |
| 밸런스물질 | 포만감, 신진대사 조절, 건강한 장 기능 | 곡류 제품, 콩류, 야채, 과일, 귀리, 기울, 목화씨 |
| 수분 | 심장-신진대사-신장 기능, 체온 조절 | 음료, 수프, 수분이 충분히 들어있는 식품, 예를 들어 과일, 야채 |
| 이차 식물성 섬유<br>(특히 자연스러운 색과 맛, 향을 내는 성분) | 소화기관과 면역체계 자극, 건강보호 | 야채, 과일, 잎, 곡류, 콩류, 녹차, 녹즙, 과일즙, 적포도주 |

능률의 원동력이 된다.

식사와 음료의 형태로 소비하는 음식물은 이렇게 유기체 조직이 필요로 하는 영양분들을 포함하고 있다. 이 영양분들은 소화 과정을 통해 신진대사에 쓰일 수 있는 형태로, 각각 다른 양으로 분배되어 옮겨진다. 우선 어떤 영양분들이 어떤 식품에 들어 있는지 도표(p 94. 참조)에서 보자.

이 도표를 본 다음에 뇌와 신경에 필요한 개개의 영양분을 자세히 알아보는 것이 좋겠다.

## 탄수화물 – 뇌와 신경을 위한 최상의 에너지

최고 기록을 수립하는 운동선수만 탄수화물을 제1의 에너지원으로 삼는 것은 아니다. 글루코스(포도당)는 에너지의 신진대사에 가장 좋은 연료가 된다.

뇌 세포에는 글루코스가 거의 저장되어 있지 않기 때문에 순환하는 포도당이 우리 뇌의 주 에너지원이 된다. 농축 혈당은 영양 공급과 간의 글리코겐(탄수화물의 특수한 저당 형태)을 통해 유지된다.

아이들은 간의 글리코겐 저장량이 어느 정도 제한된다. 때문에 탄수화물이 풍부한 아침 식사가 학습 효과를 높이는 중요한 역할을 한다. 마찬가지로 성인도 탄수화물이 많은 아침 식사와 그에 상응하는 간식을 오전 중에 섭취함으로써 그날 필요로 하는 에너지와 능률 곡선을 유지시킬 수 있다.

당도가 낮은 경우(저 글리세린혈당) — 그것을 느끼는 것은 개인에 따라 차이가 있는데 — 일반적으로 집중력과 정신적 능률이 눈에 띄게 저하된다. 그 외에도 혈당이 저하되면 금방 배고픔을 느끼게 된다.

사무실에서 오랫동안 정신(신경)을 집중하거나, 회의, 학회, 혹은 긴장하는 운전 도중, 그리고 운동 중에 에너지를 공급하는 포도당이나 그 비슷한 단 것이 생각나지 않는 사

탄수화물이 풍부한 식품 — 곡류가 든 식빵, 귀리, 갖가지 곡류로 만든 식품과 쌀, 감자, 콩류, 신선한 과일 등 — 은 우리에게 생기를 주는 중요한 비타민들과 무기물, 특히 마그네슘과 칼륨을 조달한다.

람이 있을까?

포도당(비슷한 말은 글루코스, 덱스트로스, 혈당)은 생기를 유지시키는 영양분이다. 뇌는 몸이 필요로 하는 전체 글루코스의 20% 정도를 소모시킨다. 그 요구량은 이미 말했듯이 혈액을 통해, 정확히 말하자면 혈당을 통해 공급된다. 따라서 혈당치는 항상 특정 농도를 유지해야 한다. 그래야만 몸과 정신이 제대로 기능할 수 있다. 글루코스는 신경의 영양분이며, 또한 적당량으로 제대로 포장만 된다면 그 이상의 역할을 한다.

## 기울을 빼지 않은 밀가루는 이상적인 에너지 저장고

이상적인 탄수화물 에너지 공급원은 복합, 혹은 강화 탄수화물로 기울을 빼지 않은 밀가루로 만든 빵과 건곡류, 씨리얼, 잡곡, 그리고 잡곡 반죽으로 만든 제품, 감자 등이다.

커다란 탄수화물 덩어리를 강화제라고도 하는데, 이는 포도당의 많은 구성 요소들로부터 얻어진다. 이 포도당 복합물질은 중요한 역할을 한다. 즉, 밸런스 성분이 풍부하고, 강화 성분이 들어 있는 식품들의 포도당 조각을 혈액 속으로 흘려 보내며, 인슐린 소모를 줄인다. 그 결과 혈당치는 낮아지지 않으면서 오랫동안 일정 수치를 유지하게 된다. 이런 이유에서 복합 탄수화물을 장시간 효과를 지닌 탄수화물이라고 한다.

따라서 시험 중이나 장시간의 두뇌활동 중에는 단 것을 찾기보다는 미리 영양이 충분한 아침식사를 해두는 것이 좋다. 그리고 나서 간간이 영양가 있는 간식을 먹어야 할 것이다.

정신노동자를 위한 건강 간식은,

- 곡식류를 우유와 신선한 과일과 함께
- 씨리얼을 요쿠르트와 우유와 함께

**혈당을 낮추는 호르몬인 인슐린은 매 식사 후 췌장에서 분비되어 당도를 조정한다.**

- 빵 한 조각과 지방분이 적은 치즈나 햄

- 떠먹는 요쿠르트를 신선한 계절 과일과 함께

- 우유가 들어간 음료를 신선한 과일과 함께

- 과일을 우유, 쌀과 함께

- 보리빵을 사과, 당근(날것)과 함께

음료를 고를 때에는 다음 사항을 고려한다.

일을 할 때 커피나 카페인이 든 음료만을 마시지 말라. 특히 정신노동자에게는 희석 사과즙과 마그네슘이 든 생수, 혹은 갓 짜낸 레몬즙과 레몬이 든 아이스티가 좋다. 가벼운 에너지 식사와 함께 이런 음료를 함께 마시면 정신 활동을 방해하는 혈당치 저하를 예방할 수 있다.

글루코스(단 것, 포도당 제재)가 농축되어 있는 제품은 '만약의 경우', 즉 집중력을 유지하기 위해, 특히 정신적으로 과도한 부담으로 중앙 신경이 지치는 것을 피하고 싶을 때, 금방 효과를 볼 수 있는 음료이다. 설탕을 첨가한 음료, 즉 설탕이나 꿀을 넉넉하게 탄 차도 이런 효과를 낼 수 있다.

정신활동의 능률 측면에서 볼 때 탄수화물의 다른 장점은, 뇌에서 탄수화물 교환물질들과 세로토닌 - 합성물의 조합에 의해 나타난다. 탄수화물은 트립토판(세로토닌의 아미노산 전단계)이 혈액 - 뇌 - 벽을 쉽게 뛰어넘을 수 있도록 도와주고 이를 통해 신경전달물질의 생성을 촉진시킨다. (이에 대해서는 105쪽에 자세히 나와 있다.)

## 프로테인 - 몸을 만들어 주고 학습의 기초가 되는 물질

프로테인은 몸과 정신의
발달을 위한
필수 영양소이다.

프로테인(단백질의 전문용어)은 몸을 이루는 데 반드시 필요한 구성 성분일 뿐만 아니라, 뇌와 신경세포의 세포 구성 물질이다. 프로테인은 성장기에 더없이 중요한 역할을 한다. 만약 영유아기에 단백질이 부족하게 되면, 심각한 경우 신체는 물론 정신적인 발달 장애까지 초래될 수 있다.

뉴런계에서 학습을 위한 물질의 전제조건을 만들어 주는 데 있어서 단백질 공급이 얼마나 중요한지는 이미 설명되었다. 현대인들의 영양 상태를 볼 때 프로테인은 그 공급이 안정적이므로 '논란의 대상이 되는' 물질은 아니다. 따라서 뇌의 능률을 위해 프로테인을 조달하는 몇 가지 질적이고, 실제적인 측면만을 언급하고자 한다.

프로테인을 풍부하게 함유하고 있는 것은 동물성 가공식품, 육류, 조류, 생선, 우유, 유제품과 계란이다. 식물성 식품들 중에서 프로테인을 다량으로 함유하고 있는 것은 곡류와 콩류이다. 감자에도 소량으로 들어 있다.

이러한 동식물의 단백질은 사람 몸의 단백질처럼 아미노산으로 이루어져 있다. 식품의 프로테인은 여러 단계의 소

탄수화물과 식물성 프로테인을 함께 취할 때, 동물성 프로테인은 지방분이 적은 것을 섭취하도록 해야 한다.

화 과정을 거쳐 중성적인 단계로 분해되어 혈액으로 수용된 후 몸에 맞는 단백질 성분을 만들어 내는 데 사용된다. 즉 영양 섭취를 통해 단백질 구성 성분 요구량은 적당량의 필수 아미노산과 함께 조달되는 것이다.

단백질 구성 성분은 몸이 스스로 만들어낼 수 없는, 따라서 필수(생명에 필수적인) 아미노산이라고 한다.

영양 단백 아미노산의 섭취는 아미노산 필요량에 맞출수록 좋다. 그렇지만 갖가지 식단의 영양 단백을 조목조목 따지기는 힘든 일이다. 사전에 매일의 식단에서 다양한 영양 단백질이 조합되도록 신경을 써야 할 것이다. 한 가지 단백질이 아미노산을 조합할 때 생겨날 수 있는 '틈'을 다른 영양분의 '공급'을 통해 보완해야 하는 것이다. 결국 단백질 요구량을 채우기 위해서는 균형 잡힌 식사를 하는 것이 중요하다.

좋은 단백질 조합의 예를 들면, 감자와 계란, 곡류와 계

**기분이 저조할 때의 영양섭취**

'정신의 전달'과 '기분을 고조시키는 물질'로서의 아미노산에 관한 연구는 생화학과 신경심리학, 영양학과 의학에서 가장 흥미로운 분야에 속한다. 그 관심의 중심에는 영양과 행동 양태 사이에는 어떤 연관성이 있으며, 특정한 질병의 경우 신진대사 장애는 어떻게 치료될 수 있는지 하는 것이다.

그 외에도 식사 시의 거대 영양관계, 즉 한 번은 프로테인 중심으로 한 번은 탄수화물 중심으로 그 중심을 옮길 경우 신진대사에서 차이가 나타나고, 기분의 상태와 깨어 있음과 능률에도 영향을 미친다는 것은 이미 잘 알려져 있다. 물론 상호연관성이 항상 간단하거나 분명하지는 않다. 그러나 적어도 그에 따르는 경향에 대해서는 단정할 수 있다.

가능한 맑은 기분으로 있고 싶을 때에는 풍부한 프로테인 섭취에 역점을 두어야 할 것이다. 탄수화물이 풍부하고 프로테인이 적은 식사는 편안하고 가볍게 잠들고 싶을 때 적합하다.

란, 혹은 우유나 콩, 옥수수를 식물성 음식으로 섭취하는 것이다.

프로테인은 뉴런과 시냅스, 기억력 덩어리를 구성하는 성분으로서의 기능 외에도 사고와 학습 시에 다른 세분화된 기능을 맡는다. 따라서 아미노산도 신경전달(뉴런전달)과 호르몬의 전단계 구성 성분이 된다. 여기에서는 무엇보다도 어떤 아미노산이 신경계에서 전달자가 되는 데 필요한지, 그리고 그것이 어떻게 우리의 기분에 영향을 미치는지를 살펴보면 매우 흥미롭다.

## 아미노산 - 정보 전달과 심리적으로 활동적인 성분의 전단계

가장 연구가 잘 되어 있는 것은 신경전달물질 세로토닌의 구성 성분인 아미노산 트립토판의 중요성과 신진대사이다. 이 신경전달물질 성분은 긴장이완과 평정을 갖도록 도와주고, 편안한 수면, 집중력, 지각력, 사고력 향상을 돕는다.

그 외에도 세로토닌은 고통을 덜어준다. 반대로 세로토닌

양을 줄이면 뇌에서는 고통을 더 잘 느끼게 된다. 그와 비슷한 결과는 세로토닌 전단계인 트립토판에도 적용된다. 캐나다의 한 연구 결과에 따르면 트립토판이 부족한 여성들은 우울증과 의욕 저하에 시달리며, 전체적으로 예민해진다.

단백질이 풍부한 식품에서 얻은 트립토판과 함께 아미노산 전이물질인 세로토닌은 수면장애와 우울증을 치료하는 데 쓰이는 제재이다.

## 트립토판 – 편안한 기분과 신경전달자 세로토닌의 구성 성분

신경전달물질 생성에서 가장 중요한 것은, 일반적으로 뇌는 그 과정에 필요한 아미노산 기본물질을 포함하고 있다는 것이다.

세로토닌 합성에서는 다른 요소가 필요하다. 세로토닌은 '혈액 - 뇌 - 벽'을 스스로 넘어서지 못하기 때문에, 좋은 기분을 만들어 주는 성분이 합성되도록 전이물질인 트립토판을 충분히 뇌에 공급해야 한다. 아미노산 트립토판은 자신의 전달 메커니즘의 도움으로 '혈액 - 뇌 - 벽'을 뚫고 들어간다.(그림 107쪽 참조)

'트립토판 → 세로토닌'의 전이를 촉진시키기 위해서는 탄수화물이 풍부한 식사와 함께 조효소로써 세로토닌 신진대사와 밀접한 관계를 맺고 있는 비타민 $B_1$과 $B_6$를 충분히 섭취하는 것이다. 이것은 얼핏보면 모순으로 보일지도 모른다.

트립토판은 단백질이 풍부한 식품의 구성 성분이지만 (111쪽의 도표) 단백질이 풍부한 식사를 한다고 해서 트립토판 수치가 자동적으로 올라가지는 않기 때문이다. 이것

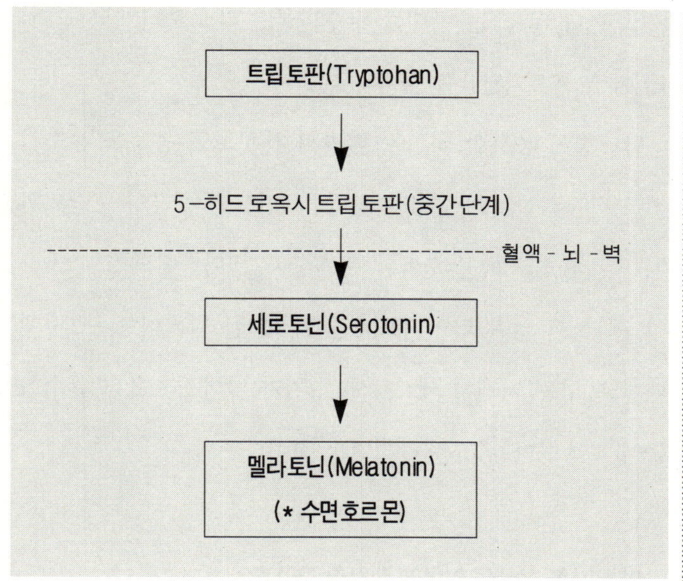


트립토판 – 세로토닌
– 멜라토닌의 전이 과정

은 식사에는 다른 단백질 구성 성분이 비교적 많은 양으로 들어 있고, 이들은 트립토판 아미노산과는 경쟁관계에 있기 때문이다.

이것이 과도해지면 단백질이 풍부한 식사에서는 원료, 즉 뇌에서 세로토닌 합성에 필요한 트립토판 공급이 부족해지기도 한다. 그와는 반대로 탄수화물은 세로토닌 형성을 위해 이상적인 요건을 만들어 준다.

단백질이 풍부한 식사는 따라서 세로토닌 농축을 감소시키고 탄수화물 요구량을 높인다. 트립토판 공급이 중단되면 뇌는 자동적으로 탄수화물 부족을 알린다. 단백질이 많고 탄수화물이 낮은 다이어트식을 할 때 잘 나타나는 단 것에 대한 욕구는 뇌에서 세로토닌 수치가 낮아짐으로써 탄수화물이 부족하다는 것을 알려주는 것이다.


**이 신비한 현상을 어떻게 설명할 것인가?**

탄수화물이 들어 있는 식사는 잘 알다시피 신진대사 호르몬인 인슐린 분비를 증가시킨다. 췌장의 호르몬은 혈당을 세포 속으로 들어가도록 만든다. 인슐린을 통해, 그리고 운동을 통해 다른 경쟁적인 아미노산은 골격근으로 수용되도록 촉진되는데, 이것은 트립토판 아미노산과 함께 '혈액 –

뇌 – 벽' 을 통해 경쟁적으로 뇌에 전달되도록 한다. 그 결과 혈청 속의 트립토판의 일부분은 다른 아미노산과 달리 그 수치가 올라간다. 이것은 다시 트립토판이 뇌로 들어가는 것을 쉽게 하고 트립토판 생성이 활발해지게 만든다.

뇌의 세로토닌 형성에 중요한 것은 혈액 속의 트립토판 농도가 아니라 트립토판과 다른 아미노산과의 상관관계이다. 단백질 섭취가 줄어들면(대략 에너지 섭취의 10%) 부수적으로 아미노산 관계는 호전된다. 이는 소위 긴고리의 중성 아미노산들이 단백질 영양에서 높은 수치로 나타나고, 단백질 섭취에서 트립토판은 일부분(1~1.5%)만을 차지하기 때문이다.

트립토판이 뇌에 보다 잘 흡수되려면 비교적 단백질은 적고 탄수화물이 풍부한 영양섭취를 해야 한다. 권장하고 싶은 거대영양소 비율은 65%의 탄수화물과 25%의 지방과 10%의 단백질이다.

좋은 기분을 만들어 주는 물질인 세로토닌 생성을 위한 이상적인 식사는, 65%의 탄수화물, 25%의 지방분, 10%의 단백질로 구성되는 것이 좋다.

## 어떤 식품에 트립토판이 들어 있는가?

트립토판이 들어 있는 식품을 선택할 때, 가능하면 곡류와 콩류, 견과류(이것은 눈에 보일 정도로만!), 생선류가 선호되고 있다. 이들 식품들 중 적어도 식물성 제품들은 탄수화물도 함께 포함하고 있기 때문이다. 생선은 중요한 오메가-3-지방산을 조종한다. 따라서 좋은 식단(충분한 에너지를 낼 수 있는)의 예는, 국수와는 야채, 쌀과는 야채 볶은 것, 건곡류와는 바나나, 시리얼은 과일즙과 함께 먹는 것이다.

가장 이상적인 것은 세로토닌 수치가 높아질 만한 아침식사를 했다면 점심에는 탄수화물이 풍부한 식사를 하고, 그 반대의 경우에는 거꾸로 하는 것이 유기체 조직이 조정되는 탄력적인 메커니즘이다.

## 트립토판이 든 식품
## 100그램 양에 들어있는 평균 트립토판 양 (밀리그램)

| 곡류 | | 육류(순수 육질) | |
|---|---|---|---|
| 밀눈 | 330 | 돼지고기 | 310 |
| 밀겨 | 250 | 송아지 | 300 |
| 귀리 | 210 | 쇠고기 | 300 |
| 기장 | 190 | 양고기 | 290 |
| 밀 | 150 | 닭고기 | 230 |
| 호프 | 110 | **콩류와 씨앗** | |
| 현미 | 90 | | |
| 계란식품 | 80 | 두부콩, 건조 | 450 |
| 호프빵 | 60 | 콩나물 콩 | 380 |
| | | 완두콩, 건조 | 350 |
| **우유와 유제품** | | 해바라기씨 | 310 |
| 파메잔치즈 | 490 | 깨 | 290 |
| 에멘탈러치즈 | 430 | 불콩, 건조 | 250 |
| 에다머치즈 | 400 | 완두콩 통조림 | |
| 틸지터치즈 | 400 | 수분 제거 후 | 56 |
| 저지방 응유치즈 | 170 | | |
| 크림치즈 | 150 | **생선류** | |
| 고지방 우유 | 80 | 고등어 | 270 |
| 요구르트, 3,5% 지방 | 45 | 연어 | 260 |
| | | 송어 | 240 |
| **견과류** | | 정어리 | 240 |
| 땅콩 | 330 | 대구, 명태 | 240 |
| 헤이즐넛 | 250 | 큰새우 | 210 |
| 밤 | 170 | 기름에 절인 정어리 | 210 |
| 호두 | 170 | 농어 | 200 |
| | | 가자미 | 190 |
| **과일** | | 넙치 | 130 |
| 바나나 | 18 | | |

의식적으로 탄수화물이 풍부한 식사를 중간에 하면, 이것은 이전의 프로테인으로 구성된 식사에서 만들어진 트립토판이 뇌로 더 잘 흡수되도록 도와준다. 따라서 생선과 야채로 된 점심식사 후 오후에는 탄수화물이 든 간식을, 예를 들면 바나나나 지방분이 적은 건곡류로 만든 과자, 혹은 과일케이크 한 조각을 곁들이면 좋다. 그런 간식은 퇴근 후 운동을 할 경우에 필요한 에너지를 공급한다. 마찬가지로 탄수화물이 풍부한 저녁식사는 자연스럽게 수면의 질과 원기 회복을 돕는다.

### 주의할 것

아미노산과 전체 영양 조합, 그리고 신경전달물질 간의 상호 효과는 매우 복잡하므로 그 효과는 아마도 일정기간이 지난 후에야 나타날 것이다. 영양 아미노산은 일정 시간 후에 뇌 기능에 영향을 미치기 때문이다.

어쨌든 혈액과 뇌 속에서 다양한 영양의 조합으로 고도의 가치를 발휘하는 이 영양분이 양적으로 변화가 생기면 그로 인해 행동이나 사고, 심리적인 상태도 변할 수 있다.

몸 속의 여러 가지 영양 아미노산들은 민감하게 생화학적인 균형을 유지하고 있다. 때문에 많은 양의 아미노산을 약으로 취할 경우에는 문제가 발생하므로 의사의 지시에 따라야 할 것이다. 이와는 반대로 균형 있는 식단의 프로테인식은 몸이 필요로 하는 양의 아미노산을 조달한다.

하지만 이런 문제가 이미 설명한 기본적인 연관성, 즉 '대략의 방향'이 정해져 있다는 것을 의심케 하는 것은 아니다. 균형 잡힌 하루 식단을 고려할 때, 매 식사에서 탄수화물과 단백질 간의 양적 상관관계가 어떻게 나타나는지 생각해 보는 것은 마땅하다. 결국 그와 연관된 신진대사 효과는 느낄 수 있을 정도이기 때문이다.

최대한의 주의와 집중이 요구되는 활동 직전, 즉 단시간

내로 능률이 요구되는 경우, 가능한 한 깨어 있고 긴장하고 싶은 경우에는 우선 단백질이 풍부한 식품을 취해야 할 것이다. 이때 음식은 소화가 쉽고 그 양이 많지 않아야 한다. 지나친 양의 식사는 주의력을 떨어뜨리고 졸음을 불러오기 마련이다.

생선은 천연에서 얻을 수 있는 두뇌음식이다. 생선과 야채를 같이 먹으면 생명에 필수적으로 필요한 영양소 전체를 공급받는다.

생선에 야채를 곁들인 가벼운 식사는 이런 조건에 맞는 것으로, 이것은 생선 단백질이 포유류의 근육질에 비해 그 결체 조직 부분이 현저하게 적어서 쉽게 소화가 되기 때문이다. 해산물은 자연에서 얻을 수 있는 두뇌음식이다. 해산물은 필수 아미노산의 전체 스펙트럼을 모두 함유하고 있으며, 거기에는 비타민 B와 항스트레스 무기질인 마그네슘과 '활성화' 미량 원소인 요오드와 다량 불포화 오메가 - 3 - 지방산이 들어 있다. 결론은 생선을 즐겨 먹으면 침착하고, 영리하고, 건강해진다는 것이다.

## 충분한 수면과 티로신으로 준비

아미노산 티로신은 트립토판에 반대되는 효능을 지니고 있다. 즉, 그것은 두뇌를 생기 있게 만든다. 전통적으로 티로신은 '조건부로 필요한' 것으로 분류되어 왔다. 왜냐하면 그것은 간에서 필수 아미노산인 페닐알라닌으로부터 만들어지기 때문이다. 따라서 식사에서 충분하게 티로신을 섭취하면 페닐알라닌의 절약 효과를 나타낸다.

티로신과 페닐알라닌의 영양원은 다양한 단백질 식품, 육류, 생선, 계란, 치즈, 견과류, 두부콩 등이다.

아미노산 트립토판과는 반대로 티로신은 뇌에 도달하기 위해 탄수화물의 매개를 필요로 하지 않는다. 단백질이 강조된 식사는 결과적으로 뇌의 티로신 수치를 높인다. 단백질이 가진 일반적인 효과인 '생기 있게 하는 것'은 티로신과 페닐알라닌에 의한 것이다.

운동도 아미노산 공급에 있어서 경쟁적인 역할을 한다. 그것은 다음과 같은 과정을 거친다. 근육활동을 위해 특정한 아미노산이 필요해지고 신체적인 작업이 행해진다. 이를 통해 다른 아미노산, 트립토판이나 티로신이 뇌로 향하는 여행은 쉬워진다. 신진대사 구조에서 이런 전이는 운동이 기분과 정신적인 능률에 미치는 좋은 영향의 일부분을 설명하는 것이다.

페닐알라닌과 티로신은 신경전달물질과 호르몬군의 아미노산 전단계이다. 이들은 원기, 반응 속도, 집중력, 기분(항우울증)에 영향을 미친다. 이런 신진대사와 심리 활성화 물질로 소위 카테콜아민과 도파민, 아드레날린, 노르아드레날린과 갑상선 호르몬인 티로신을 들 수 있다. 결국 갑상선의 일반적인 호르몬 생성물도 정신 발달과 원기, 살아나가는 데 있어서의 학습에도 매우 중요한 역할을 한다.(149쪽 이하 참조)

대부분 '스트레스 전달자'인 노르아드레날린과 아드레날린에 대해 들어보았을 것이다. 이런 호르몬들은 스트레스를 받는 상황에서 신체에 적합한 에너지 저장을 재빨리 할 수 있도록 활성화시킴으로써 모든 신체 활동을 활성화시킨다.

아드레날린은 의욕을 높이고, 노르아드레날린과 도파민은 기억력과 집중력, 행동 양상, 기분 상태에 다양한 영향을 미친다. 여기에서도 복잡한 신진대사 관계와 정규 순환 메커니즘이 중요하며, 단백질 구성 성분인 티로신은 이 모든 생기 있게 하는 성분의 가장 기초가 된다.

## 두뇌음식 메귀리

메귀리에는 티로신과 몸과 정신을 건강하게 하는 성분이 풍부하게 들어 있다. 그 외에도 귀리에는 아미노산을 구성하는 특정한 효소가 들어 있다는 것이 증명된 바 있다. 그 효소에서 호르몬 효과를 내는 물질(도파민)을 만들어낸다.

따라서 귀리 같은 티로신이 든 식품은 이런 호르몬 순환을 통해 전신 - 신경과 신체적인 능률에 좋은 영향을 미치며, 스트레스에 의한 자극에 좀 더 여유 있게 반응하게 한다고 추측할 수 있다.

귀리의 좋은 효능은 티로신 - 도파민의 관계로 설명될 수 있다. 스포츠 의학도 요즘 이 효능의 역학에 대해 연구하고 있다.

## 다른 신경전달물질

불필수 아미노산인 세린은 콜린 안에서 변화를 일으키는데, 신체에 맞는 신경전달물질을 만들어내기 위해서는 아세틸콜린을 필요로 한다. 세린은 세로토닌과 함께 가장 많이 연구된 신경전달물질이다.

세린은 빠른 정보 전달과 학습 시 이미 저장되어 있는 정보를 불러내는 데 중요한 역할을 한다. 아세틸콜린이 없어진다면 우리는 아무 것도 기억할 수 없게 된다. 학습 능력과 좋은 기억력의 소유 여부는 신경세포망의 아세틸콜린 농도에 의해 좌우된다. 알츠하이머병의 증상으로 기억력 상실과 착각을 들 수 있는데, 이것은 기억력을 담당하는 신경전달물질의 부족이 원인이다.

신경전달물질인 아세틸콜린은 기억력의 기초물질이다.

아세틸콜린의 구성 성분인 콜린은 부분적으로 몸에서 만들어지기도 하고, 다른 한편 영양섭취에 의해 조달된다. 이것은 레시틴이 들어 있는 제품들 속에 포스파티디콜린으로 존재한다.(124쪽 참조) 콜린이 레시틴 – 덩어리의 형성에 참여하는 것은 학습 능력에 또 다른 의미를 부여한다. 레시틴은 세포핵과 신경 끝이 서로 만나는 시냅스의 구성 성분으로서 수문장 역할을 하는 세포의 조직적이고, 기능적인 특성과 뇌신경계에서 정보전달 시에 이루어지는 신경세포

**두뇌의 휴식을 취하라**

방금 제공받은 정보들을 소화시키기 어려워지기 전, 통찰력을 잃기 전에 이미 읽은 정보들을 기억하는 작업을 해야 한다. 그리고 그 정보들을 다시 상기시키기 전 상쾌한 공기를 맡으며 산책을 하거나 가벼운 음악을 듣는 것으로 긴장을 풀어주도록 한다.

거기에 추가로 에너지 공급을 위한 약간의 간식도 잊지 말아야 할 것이다. 이상적인 간식은 메귀리로 만든 과자와 녹차, 쌀로 만든 과자와 주스 한 잔이다.

들 간의 의사소통 가능성을 규정한다.

마지막으로 단백질 구성 성분과 신경전달자 간의 상호관계인 불필수 아미노산인 글루탐산과 그 전단계 성분인 이미 언급했던 감마－아미노지방산에 대해 언급하겠다. 이 신경전달물질은 추측컨대 정보 전달에서 '스위치' 역할을 한다. 정보의 흐름이 정해진 길목에서 구부러질 수 있도록 하기 위해, 신경세포의 접점에서는 '지체시키는' 시냅스와 그에 맞는 전달자들－어느 정도는 소모시키는－이 필요하다. 신경전달자인 감마 - 아미노지방산은 뇌신경의 시냅스에서 봉쇄, 혹은 '다시 활성화시키는' 역할을 맡고 있는데, 이렇게 신경신호를 마감하거나 나중에 다시 정보전달을 개시하도록 조건을 마련한다. 이런 예에서도 볼 수 있듯이 뇌의 복잡한 생화학적 역학이 얼마나 신비한지를 다시 볼 수 있다.

## 지방성분 - 뇌의 골격과 윤활유

지방분(전문용어로 리피드)은 신체에서 주로 에너지 공급의 역할을 한다. 두뇌활동에 있어서 지방분은 농축된 칼로리 공급원이기 때문에 무조건 몸을 뚱뚱하게 만든다고 두려워할 필요는 없다.

뇌는 글루코스를 연소시키면서 에너지를 조달한다. 때문에 지방분은 사고활동에 별로 중요한 역할을 미치지 못한다고 생각할 수도 있다. 그러나 우리의 사고기관은 이 영양소를 구성 성분으로서 필요로 한다. 적당한 양과 질에 주의를 기울이면 '제대로 된 지방분'을 분배받을 수 있다.

뇌와 신경에 영양이 되는 것은 대개 특정한 복합 불포화 지방산으로 그것은 영양 가치가 높은 식물성유와 담수어의 지방(생선유)에 많이 함유되어 있다. 단순, 혹은 복합 불포화지방산은 콜레스테롤 수치를 유지시키고 혈관벽을 건강하게 한다. 이것은 뇌 혈류를 좋게 하는 필수적인 전제조건이다. 우리의 뇌와 신경계 절반 정도의 유기체 성분은 지방분으로 되어 있다. 이런 특수한 뇌의 지방은 틀을 만들고, 윤활유 역할을 하며, 신경전달물질인 아세틸콜린과 세로토닌 간의 연결을 가능하게 한다.

소위 포스포리피드(인지질)라고 하는 포스포(인) 성분이 포함된 지방분은 우선 세포벽, 세포막의 구성을 위해 쓰인다. 식물 세포에서는 골격을 유지하는 요소가 밸런스 물질인 데 반해 인간의 세포는 일종의 보호막인 동시에 필터와

**지방분은 뇌의 구성과 활동을 위해 필수불가결한 요소이며, 세포의 신진대사에 있어서 윤활유 역할을 한다.**

**적당량의 좋은 지방**

지방산은 모든 지방의 구성성분이다. 영양지방의 질을 위해서는 무엇보다도 다양한 지방산의 종류를 섭취하는 것이 중요하다. 예를 들어 소시지류나 단단한 식물성 유지의 형태에서 특정 포화지방산을 많이 섭취하면 혈액 속의 콜레스테롤 수치는 올라가고, 올리브, 옥수수유, 청어, 고등어, 연어 등의 단순, 혹은 복합 불포화지방은 심장과 혈액순환을 보호하는 역할을 한다.

뇌와 신경에 다 영양이 되는 것은 식물성유와 담수어의 불포화지방산이다.

비슷한 벽으로 둘러싸여 있다는 것을 알아두어야 한다.

가장 잘 알려져 있고 신경세포막의 기능을 위해 중요한 포스포리피드는 포스파티디콜린이라고 하며, 이것은 레시틴 군에 속한다. 이 성분은 이미 기억력 보호를 위한 콜린과 관련하여 언급했었다.(119쪽 참조)

포스포리피드 구성에 참여하는 지방산의 종류는 세포벽이 제대로 기능하도록 도와주는 데, 말 그대로 '윤활유'가 무엇인지를 보여준다. 즉, 복합 불포화지방산에 있는 높은 양의 포스포지방은 세포막의 유동성에 긍정적인 영향을 미치며, 다시 말해 수문장 역할의 전제조건이 되는 세포벽의 '유동성'을 보장한다. 세포막의 유동성이 떨어지면, 중앙 신경계에서 신진대사, 정보 전달, 정보 저장 같은 세포의 기능이 함께 장애를 받을 수 있기 때문에 이것은 매우 중요하다. 자극의 전달에 사용되는 시냅스의 세포막이 나이가 들면서 굳어지는 현상은 레시틴 투여로 예방, 혹은 치료가 가능하다.

## 레시틴 – 전형적인 신경강화물질

모두들 신경강화에 처방되는 레시틴 제재를 알 것이다. 그 동안 인간과 동물에 관한 수많은 연구들 — 콜린과 레시틴이 학습과 기억력에 미치는 영향을 대상으로 한 연구들이 있었다. 물론 이들은 부분적으로는 서로 정반대의 결론을 내기도 한다. 특히 노인들에게서 기억과 방향감각의 문제는 더욱 자주 나타나며, 이는 콜린 결핍이라는 맥락에서 다루어졌다. 레시틴과 콜린의 영양 보충은 따라서 노화와 관련된 정신적인 능력의 제한을 예방할 것이다.

### 레시틴 - 필요한, 혹은 필요치 않은 영양분?

모든 포스포리피드는 몸 안에서 다른 영양소(특히 지방산, 아미노산, 그리고 포스포)로부터 합성될 수 있다. 이로써 영양 공급의 필요성은 생략될 수 있다. 그럼에도 불구하고 우리는 계속 레시틴을 다양한 식품으로부터 받아들인다. 이 레시틴은 다른 영양지질처럼 소화되는 동안 그 구성 성분인 글리세린, 지방산, 콜린, 포스파트로 분해된다.

레시틴이 뇌와 신경을 위해 지닌 탁월한 중요성은 무엇보다도 콜린 함유 때문이다. 식물성 레시틴의 경우(예를 들어 두부콩이나 보리눈에서 짠 기름) 그 내용물에는 복합 불포화 필수지방산이 들어 있다. 콜린은 영양소로서 인간에 필수적인가 하는 것은 오래 전부터 계속 논란이 되어 왔다. 그러나 지금까지 그것이 지닌 비타민으로서의 성격에 대해서는 증명되지 않았다. 몸에 맞는 콜린의 바이오 합성에는 단백질 구성 요소인 세린과 메티오닌이 간여한다.

균형 잡힌 식사에는 분명히 충분한 양의 레시틴과 콜린이 들어 있을 것이다. 레시틴은 독일인들의 경우 하루 평균 1.5g 정도를 섭취하는 것으로 추산되고 있다.

레시틴은 식품들의 유화제로 첨가되고 있다. 특히나 오븐 식품과 단 것, 인스턴트 식품과 마가린에는 반드시 첨가된다. 유화제는 두 가지의 서로 섞이지 않는 단계, 예를 들어 물과 기름을 안정적으로 유화되게 한다.

가치 있는 식물성 레시틴원은 귀리, 밀눈, 견과류, 두부 콩과 두유, 볶지 않고 짠 식물성유 등이다. 동물성 제품에

레시틴은 많은 식물, 동물성 식품의 자연적인 구성 성분이다. 영양식품 산업에서 그것은 유화제로 첨가되고 있다.

도 레시틴이 들어 있는데, 예를 들면 계란, 내장, 생선, 육류와 버터 등이다.

## 포스포리피드의 두 가지 약자 : PC와 PS

훌륭한 레시틴 제재는 신진대사와 뇌 기능에 중요한 두 가지의 특수한 레시틴 – 조합을 강화시킨다. 거기에는 이미 언급한 포스파티디콜린(PC)과 포스파티딜세린(PS)이 있다.

포스파티딜세린은 포스파티디콜린처럼 세포막의 구성 성분으로 모든 체세포에 존재한다. 특히 뇌에는 높은 양으로 농축되어 있으며, 신경전달물질을 자유롭게 하고 시냅스의 활동에 참여한다. 그렇게 포스파티딜세린은 사고가 기능하는 곳에서 의사소통을 가능하게 한다.

다양한 연구들에서 포스파티딜세린이 뇌 기능을 활성화시킨다는 것이, 특히 노년에 인지능력(지각과 사고능력)이 감퇴되는 것을 억제하는 효과가 있다고 지적되었다. 무엇보다 단기 기억이 개선된다는 사실이 공통적으로 인정되었다.

PS는 모든 세포(특히 뇌세포)의 기능에 중요한 역할을 한다. 임상실험에서 이런 레시틴 조합들이 기억과 학습을 개선시킬 수 있다는 것이 증명되었다.

PS는 나이 들면서 능률이 떨어지는 것을 방지하고, 건강 유지를 위한 전체적인 계획(즉, 건강한 식사와 운동, 그리고 정신 훈련을 함께 하는 것) 내에서 정신력을 유지하게 할 때 극대화 된 기능을 발휘한다.

그렇다면 정말로 PS가 쉽게 학습하게 하고, 스트레스 상황을 잘 극복하게 하는 물질인가? 영양보충과 '기능식'의 분야에서는 이미 첫 번째 제품이 만들어졌다. 기본적으로 영양 제재는 특정한 조건하에서 신체적인 학습의 전제조건을 보장하게 하는 데 도움은 되지만 스스로 대체하는 역할을 하지 않는다는 것이 일반적인 인식이다. 이미 기능상의 장애가 나타났을 때에는 우선 그 원인을 찾고 그에 따른 치료가 선행되어야 할 것이다. 하지만 이 때도 약만 투여할 것이 아니라 부수적으로 정신 훈련을 지속해야 한다.

## 뇌와 시력을 위한 오메가-3-지방산

일반적으로 복합 불포화지방산은 간단히 식물성 지방(유지)과 동일시된다. 여기에서는 청어, 고등어, 연어, 정어리 등 소위 담수어도 건강에 훌륭한 복합 불포화지방산의 조합에 좋은 지방(생선유)을 공급한다는 것을 간과하고 있다.

생선의 지방산은 오메가-3군에 속하며, 오늘날 영양식단에서 중요하게 여겨진다. 그러나 식물성유가 건강에 좋다는 것만이 일방적으로 강조됨으로써 오메가-3-지방산이 오메가-6-지방산(예를 들어 배아유의 리놀산)에 비해 무시당하게 되었다. 그러나 그것들은 지적 능력 발달에, 특히 태아에게서는 대체될 수 없는 것이다.

지방 소모을 위한 제언 :
일주일에 두 번은
담수어 요리를 섭취하고,
조리시에는 훌륭한
식물성유(올리브, 콩,
평지씨, 옥수수눈)을
사용한다.

## 오메가-3-지방산 : 건강한 미래를 위한 영양분

실제로 이 지방산이 얼마나 중요한지 1998년 프랑크푸르트의 영양·비타민 정보협회의 보고서에서도 알 수 있다. 거기에는 다음과 같이 쓰여 있다. '인간 진화의 역사는 다시 쓰여져야 한다. 영국 연구가가 발견한 선사시대의 유물은 긴 고리의 복합 불포화 오메가-3-지방산(Eicosapentaen산, EPA, Docosahexaen산, DHA)이 분명히 인간 뇌의 구성에 열쇠가 되는 성분이며, 이로써 현대적인 호모 사피엔스가 제 기능을 할 수 있다는 것을 확인했다.' (알려진 심장-순환계의 예방 효과 외에) 영양학자들은 '인류의 조상'의 영양이 DHA와 EPA를 풍부하게 포함하고 있다는 것을 잘 알고 있다.

노스런던 대학의 뇌화학 연구소 교수인 마이클 크로포드는 오메가-3-지방산이 모체 내에서부터 엠브리오의 지능과 시력의 발달에 어떻게 영향을 미치는지, 그 후에는 인간의 유기체 조직에서 건강상의 문제나 심장혈관의 질병을 예방하게 하는지에 관한 연구를 발표했다. 그 연구에 따르면 임산부의 영양은 인간 종의 미래까지도 결정을 지을 수 있다고 한다. 크로포드의 동료인 미국의 윌리엄 코너 교수는 이미 1996년 바르셀로나에서 열린 국제 영양학회에서 오메가-3-지방산이 신경, 뇌세포와 레티나(망막)의 중요한 구성 성분이라고 지적했다.

오메가-3-지방산은 태아의 뇌 발달에 필수적이다.

오메가-3-지방산은 필수 영양소이기 때문에 충분한 양으로 섭취해야 한다. 특히 임산부나 수유하는 어머니에게 중요하며, 오메가-3-지방산인 도코사헥산산(DHA)이 엠브리오와 유아기의 신경계와 성장에 결정적인 역할을 하기 때문이다. 이런 이유에서 그는 모유를 먹지 않는 아기와 조숙아의 정신, 신체의 이상적인 발달을 위해 전세계적으로 분유에 DHA를 첨가할 것을 역설했다.

이상이 전문가들의 견해이다. 일반적으로 임산부뿐만 아니라, 일반인 모두에게 오메가-3-지방산을 일주일에 두 끼의 지방분이 풍부한 생선류(예를 들어 고등어, 연어, 청어)에 들어 있는 만큼의 양을 섭취할 것을 권장하고 있다. 어떤 이유에서건 생선을 좋아하지 않거나 먹지 않는 사람은 오메가-3-지방산이 첨가된, 예를 들어 오메가-3-빵, 오메가-3-음료 등의 대체식품을 먹도록 한다.

그와 함께 오메가-3-지방산은 많은 질병, 특히 심장·순환기 장애, 류머티즘, 염증성 피부와 장염을 예방하는 역할을 한다.

## 비타민 B = 신경비타민

지방질을 통해 그에 맞는 '뇌지질'을 얻는 단계가 지나면, 뇌는 가벼운 비타민 식사를 얻는다. A, B, C, D, E,

K의 차례로 13가지의 비타민이 있는데, 비타민 B군에는 다음과 같은 여러 가지 성분들이 들어 있다.

- 티아민 = 비타민 $B_1$

- 리보플라민 = 비타민 $B_2$

- 피리독신 = 비타민 $B_6$

- 코발라민 = 비타민 $B_{12}$

- 니아신(니코틴산아미드)

- 판토텐산

- 폴산

- 비오틴

마지막 4가지의 비타민 B들은 전문용어로만 사용된다. 몸과 정신이 항상 제대로 기능하기 위해 우리는 당연히 13가지의 비타민 전부 다 필요하다. 이들은 신진대사 과정에 참여하여 우리의 건강을 보호한다.

비타민은 에너지를 공급하는 것이 아니라, 생명원소로서 모든 신진대사 과정에 관여하면서 건강을 보호한다.

다양한 연구들에서 비타민 공급과 심리적인 상태, 그리고 정신적인 능률과 상관관계가 있는지에 관한 의문이 제기되었다. 심리 테스트의 결과는 비타민 요구량이 충족되지 못하면 심리적인 상태 역시 좋지 않은 반응을 보인다는 사실이 입증되었다.

## 너무 적은 비타민은 정신과 영혼의 결손을 초래한다

심리적이며 활동의학적인 지식에 따르면 다음과 같은 증상에 의해 비타민 결핍이 시작되었다는 것을 알 수 있다.

- 불안
- 신경이 예민해짐
- 불안정한 기분
- 피로
- 우울증
- 지각력 저하

비타민 결핍은 여러 가지 증상을 불러일으킬 수 있다. 영양이 고루 섞인 식사는 보통 비타민 부족을 메울 수 있다.

- 의욕 저하

- 불면증

- 쇠약

- 빛의 명암에 시력이 적응하는 속도가 느려짐

  (예를 들어 영사막)

- 눈이 부시는 현상

- 청각 장애

이것은 물론 충격적이긴 하지만, 그렇다고 해서 정신과 신경의 건강을 위해 비타민 제재를 선택하지 않고 무조건 삼키라는 것은 아니다. 확실한 것은 비타민 결핍이 육체적, 심리적 능률과 기분상태에 나쁜 영향을 미칠 수 있다는 것이다.

충분한 영양섭취는 보통 이런 제한을 없앨 수 있다. 그러나 비타민은 학업에서 받는 스트레스와 학습 장애를 치료하는 만병통치약은 아니다. 그리고 비타민 공급을 공식적인 권장량의 몇 배로 늘인다고 해서 학습 능률도 그만큼 증가한다는 보고는 없다.

어쨌든 영양소 부족이 질병의 한 원인이 되었다면, 문제의 영양소는 보충되어야 하는 것이다. 평소 충분하게 비타민을 섭취하도록 주의를 기울이자. 그렇다고 지나친 것은 도움이 되지 않는다!

### 취학아동이 주의해야 할 것!

신체적 정신적인 발달이 급속도로 진행되는 민감한 시기의 아이들과 청소년(성장기)은 비타민 부족에 어른보다 더 민감하게 반응한다.

성장기 아이들은 좋아하는 음식과 싫어하는 음식이 분명하다는 것을 부모들도 잘 알고 있다. 그러나 어떤 형태로든 한 쪽에 치우친 영양섭취, 특

**아이들의 비타민과 무기물 섭취를 위한 제언**
매일 : 2인분의 신선한 과일
　　　1인분의 샐러드
　　　1인분의 신선한 야채
　　　2인분의 곡류(예를 들어 씨리얼과 빵)
　　　$\frac{1}{4}$리터의 우유와 1인분의 요구르트, 응유치즈, 혹은 치즈
일주일에 : 2~3회 정도의 육류, 혹은 2~3회의 계란, 1~2회의 생선

히 신선한 야채나 과일을 먹지 않고 설탕과 지방이 많이 든 식품을 선호하면 비타민과 무기물의 결핍이 초래될 수 있다.

잦은 패스트푸드 식사와 단 것을 선호하면 비타민 C, 프로비타민 A, 비타민 $B_1$, 비타민 $B_2$, 폴산, 칼슘, 마그네슘 등의 무기물은 부족해지기 쉽다. 또한 너무 단 것을 많이 먹으면, 이것은 입맛을 떨어뜨려 편식하기 쉽게 만들며, '영양분 축출'을 일으키기도 한다. 따라서 아이들이 집으로 오는 길에 군것질로 단 것을 먹으면, 비타민과 무기물이 풍부한 식사에 대한 식욕을 잃어버리게 된다.

## 비타민이 뇌와 신경계 내에서 작용하는 방법

오랫동안 비타민 $B_1$, $B_6$, $B_{12}$는 신경전달 비타민으로 인식되어 왔다. 이들은 신경세포들의 신진대사와 밀접한 연관을 맺고 있기 때문이다. 비타민 B군은 조효소(효소의 구성 물질)로서 뉴런계의 에너지 대사에 중요한 역할을 한다.

뇌의 에너지 생성물은 글루코스에 의존하는데, 비타민 $B_1$은 뇌와 신경세포에서 높은 양의 글루코스를 얻는 촉매로 통한다. 비타민 $B_1$이 충분하지 않은 탄수화물 중심의 영양 섭취는 신경의 영양으로서는 절반의 효과밖에 내지 못한다. 비타민 B를 함유하고 있지 않은 포도당, 과당, 꿀, 설탕과는 반대로 곡류 제품에는 이미 장시간 지속되는 탄수화물과 그에 해당하는 촉매 비타민이 결합되어 있다.

비타민 B가 뉴런 간의 의사소통에 기여하는 가치도 탁월하다. 비타민 $B_1$은 신경의 흥분과 그 흥분을 전달하는데, 즉 정보의 흐름에 중요한 역할을 한다. 트립토판 아미노산에서 신경전달 물질인 세로토닌이 만들어질 때, 비타민 $B_6$는 조효소로 작용한다. 비타민 $B_6$는 단백질 신진대사의 모든 과정에서 핵심적인 요소이며 단백질이 풍부한 식품, 즉 육류, 생선, 계란, 우유, 치즈와 콩에서 골고루 공급된다.

비타민 $B_1$은 다시 세로토닌을 전달하고 저장하고, 비타민 $B_{12}$는 신경계의 기능을 유지하는 데 필수불가결하다. 노년층에서 이 비타민의 결핍이 지속되면 신경파괴와 가벼운 우울증도 초래하게 된다.

비타민 B군에 속하는 니아신, 판토텐산, $B_2$도 에너지와 신경신진대사에서 중요한 역할을 한다. 비타민 $B_1$, $B_6$, $B_{12}$와 니아신은 약리학적으로 그 양을 조절함으로써 뇌, 신경질환과 통증요법의 치료제로 쓰이기도 한다.

뇌 활동과 신경영양에 가장 좋은 음식은 ; 아침에 탄수화물과 비타민 $B_1$이 들어 있는 곡류 식품이나 씨리얼을 먹고,

과도한 양의 비타민 B 제재를 사용하는 치료법에는 의사와 상의가 있어야 하며 이를 통해 비타민 $B_6$와 니아신을 과다복용하지 않도록 한다.

점심에 지방분이 적은 빵을 먹고, 저녁에는 쌀이나 국수류를 가벼운 야채국과 함께 먹는 것이다.

비타민 B군의 에너지와 신경비타민이 충분히 들어 있는 것은 지방이 적은 육류, 생선, 계란과 유제품, 콩류, 견과류, 기름을 채취하는 식물의 씨 등이다. 물론 식단에서 신선한 과일과 야채가 빠져서는 안 될 것이다. 우리의 건강을 보호하는 1순위는 호르몬과 신경전달물질의 합성에 참여하는 비타민 C로 간접적으로 스트레스에 대항하고 집중력을 유지하도록 돕는다.

## 불안정 자유원자(free radical)에 대항하는 비타민 E와 C, 이차적인 식물 성분

음식 안의 비타민 E, C, 카로티노이드, 폴리페놀 같은 이차적인 식물 성분, 항산화 보호물질은 질병 예방에 탁월한

불안정 자유원자는 공격적인 산소 덩어리로 반응 파트너를 찾는 과정에서 체세포를 공격한다. 몇 년 전부터 이것은 모든 질병의 원인으로 여겨지고 있다.

효능을 갖고 있다. 특히 긍정적인 효과로 심장－혈액순환 질병과 암의 예방에 효과가 있다.

그런 질병의 발병에는 세포를 파괴하는 자유원자가 간여한다는 것이 밝혀졌다. 최근에는 그 외에도 항산화물이 무서운 파킨슨씨병과 알츠하이머병(두 가지 질병이 다 정신－신경 기능의 상실로 결국은 치매에 이르게 한다)과 백내장 등 여러 가지 다른 노화와 관계되는 질병에 저항하는 역할을 한다는 증거들이 나오고 있다. 영양학자들은 매일 5인분의 과일과 야채를 취할 것을 권장한다. 가장 좋은 것은 세 가지 신호등 색깔인 녹색, 노랑, 빨강색의 야채를 고루 섞

## 알콜은 신경을 손상시킨다

습관적으로 알콜을 남용하면 복합적인 신경질환과 염증성 및 퇴행성 신경손상 증상이 나타난다. 알콜에 의한 복합 신경질환은 마지막 치명적인 단계이다. 즉, 높은 알콜 소모는 대부분 잘못된 영양섭취로 연결되고, 그 결과 순환계 장애와 신경 손상이 유발된다.

매일 신호등 색깔에 따라 빨강, 노랑, 초록의 과일과 야채를 번갈아 섭취한다.

어서 먹는 것이다.

특히 복합 불포화지방산이 많이 함유되어 있어서 치명적인 활성산소 성분의 공격을 받기 쉬운 뇌와 신경세포와 그 민감한 세포막을 보호하려면 영양을 통해 항산화물을 섭취하는 것이 가장 좋은 예방, 치료약이라는 데에 학자들과 영양학자들은 의견을 같이 한다. 유해 산소를 통해 손상되고 변형된 세포막은 더 이상 본래의 임무를 제대로 수행할 수 없게 된다.

## 혈류를 좋게 하는 항산화 보호물질

항산화물과 다른 이차식물성분은 혈관벽의 상태와 혈액의 흐름에도 영향을 준다. 동맥경화 발전의 결정적인 위험 요소인 LDL - 콜레스테롤이 산화되는 것을 막아야 한다. 산화(=산소반응)는 혈관벽이 좁아지는 과정의 근본 원인이다. 건강한 혈관벽과 흐름이 좋은 혈액은 뇌 혈류의 가장 좋은 전제조건이며, 그로써 뇌의 산소와 영양분 공급은 확실하게 보장된다.

예방을 위한 보호 효과는 매일 20~50밀리그램의 비타민 E와 150~300밀리그램의 비타민 C를 섭취해야 얻을 수 있다. 그러나 잊지 말아야 할 것은 운동도 혈류를 돕고, 나쁜 콜레스테롤 축적을 줄이고 뇌에 영양을 공급한다는 것이다.

결론적으로 비타민 C, E, 야채와 과일 속의 카로티노이드와 폴리페놀 같은 활성바이오 식물성 물질, 담수어의 오메가-3-지방산, 올리브유와 평지씨 기름의 단순 불포화 지방산, 그 외 다른 식물성 성분, 예를 들어 마늘, 양파 등은 건강한 혈관과 건강한 혈류, 뇌의 영양 공급을 유지시킨다.

## 정신을 위한 무기물

동물성과 식물성 식품이 고루 섞인 식단은 몸에 비타민과 무기물을 공급하는 데 가장 훌륭한 기본이 된다.

무기물들은 무기적인 필수 영양분으로 다량원소와 미량원소로 나뉘어진다. 차이점은 몸에 함유되어 있는 양과 그에 상응하는 요구량이다. 몸의 구성을 위해 — 예를 들어 칼슘은 뼈와 치아의 구성 성분이다 — 그리고 중요한 신진대사 기능의 활성화를 위해 — 그 성분으로는 마그네슘, 아연, 요오드를 들 수 있다 — 무기물을 필요로 한다.

미량원소인 철은 혈액 속에서 산소 운반을 담당하고 적혈구를 만들어낸다. 그렇게 뇌의 산소 공급에도 간여하고 있다. 비타민에서와 마찬가지로 무기물이 없으면 정신과 몸은 제대로 기능할 수 없다.

생명에 필수적인 무기물군으로는 다량원소인 칼슘과 인, 칼륨, 나트륨, 염소, 마그네슘과 미량원소인 철분, 요오드, 아연, 셀렌, 크롬, 불소 등이 있다. 뇌와 신경에 미치는 영향력에 관해 다량원소와 미량원소 중 대표적인 것을 자세히 소개하겠다.

## 마그네슘 - 항스트레스 무기물

마그네슘은 신진대사에서 전천후 역할을 한다. 마그네슘 이온은 대략 300개의 효소를 활성화시키는데 무엇보다도 글리코겐(탄수화물에서 얻은 에너지)의 효소와 키나제, 에너지가 풍부한 인산군을 몸의 에너지 저장덩어리인 ATP로 전환되거나 전환시키는 효소 역할을 한다. 이것은 마그네슘이 근육과 뇌의 신경세포가 에너지를 억제하는 역할을 한다는 것을 분명하게 설명해 준다. 비슷하게 다양한 역할을 하는 것은 미량원소인 아연으로 대략 100개의 효소활동에 간여한다.

마그네슘이 부족하면 근육과 심장, 혈관벽, 뇌와 신경에까지 그 증상이 나타난다. 신경과 근육이 조화롭게 운동하도록 하는 마그네슘의 기능을 바탕으로 한 근육경련의 예방은 마그네슘의 대표적인 효능에 속한다. 마그네슘은 특히 운동 중이나 심장-순환계 질병 치료와 예방에 사용된다. 역시 중요한 것은 마그네슘의 항스트레스 효능이다.

마그네슘 결핍으로 나타나는 정신적인 현상은 쉽게 피로해지는 것, 의욕 저하, 집중력 감퇴, 불안, 불면증이 있다.

스트레스에 대한 반응도 마그네슘이 부족할 때 더 심하게 나타나고, 마그네슘을 섭취하면 경감될 수 있다. 스트레스에 의한 부담이 클 경우 더 많은 스트레스 호르몬이 분비된다. 이 경우 세포조직에서는 마그네슘이 활성화되어 신장으로 배설되는 양이 증가된다.

스트레스에 시달리는 많은 사람들은 술로 긴장을 풀려고 한다. 하지만 알콜은 신장을 통한 마그네슘 배설을 더욱 가속화시켜 몸의 영양상태는 악화되고, 다음 날에는 두통이나 협조장애 등의 반응을 일으키게 된다.

장기적으로 지속되는 스트레스는 마그네슘 결핍의 원인이 되기도 한다. 반대로 혈소판의 마그네슘 농축량 증가는 스트레스를 이기고, 스트레스에 의한 부정적인 작용을 경감시킨다. 이렇게 스트레스를 제어하는 브레이크인 마그네슘은 신체적인 긴장이완을 돕는다.

책상에 앉아 일을 하는 사람은 마그네슘이 풍부한 생수에서(리터 당 대략 100밀리그램) 도움을 받을 수 있다.

마그네슘의 기능에 덧붙여 세포막을 유지시키는 효능도 언급해야겠다.

전체적으로 마그네슘은 신경전달물질 내의 모든 에너지와 연관된 합성, 저장, 분해 과정에 영향을 미친다. 마그네슘은 세포막의 수용활동(받아들이는 특성)에도 중요하다. 따라서 '최대의 능력 발휘' 의 요소로 일컬어지는 마그네슘은 신체와 정신적인 활동을 위해 똑같이 중요하다.

## 식물성 영양식으로부터 얻는 건강 요소

마그네슘이 풍부한 생수 이외에도 식물성 식품은 훌륭한 마그네슘원이다. 즉 곡류 제품과 녹색 채소, 씨앗, 견과류, 종자유(눈에 보일 정도로만!)와 감자를 먹는 것은 마그네슘 섭취에 큰 도움이 된다. 감자는 껍질째 데쳐서 수용성인 마그네슘이 끓는 물 속에서 없어지지 않게 하는 것이 제일 좋다.

우리는 마그네슘 덕택에 의식을 집중할 수 있고 생기를 유지한다. 훌륭한 마그네슘 공급원은 곡류, 콩류, 종자유, 녹색 채소이다.

최근 몇 년 사이에 식물성 식품의 마그네슘 양은 토양이나 집중적인 배양 방식, 거름, 주위 환경의 영향으로 줄어들었다. 때문에 매일 5인분의 과일과 야채, 그리고 적어도 2인분의 곡류 제품, 빵과 씨리얼을 먹는 것이 좋다.

## 요오드 - 신진대사와 뇌 성숙에 없어서는 안 될 것

미량원소인 요오드는 전체 신진대사 활동을 조정하는 갑상선 호르몬 생성에 없어서는 안 되는 것이다. 독일은 요오드가 부족한 나라에 속해 요오드 결핍이 널리 퍼져 있다.

요오드 결핍은 영양 계획을 세워 미리 예방하는 것이 중요하다. 일주일에 두 번 정도는 생선을 먹거나 요오드가 든 소금을 사용하는 방법 등이 있다. 가장 좋은 것은 요오드 소금이 든 빵류이다.

## 요오드 결핍의 결과

요오드는 단백질과 오메가-3-지방산과 함께 뇌의 성숙과 발달의 삼각 구도를 형성한다.

요오드 결핍은 호르몬 생성을 방해하고 갑상선종의 형성을 촉진시킨다. 지속적인 요오드 결핍의 경우, 갑상선은 우선 최소한의 호르몬이라도 만들어내기 위해 호르몬 생성 장소를 증가시킴으로써 갑상선 호르몬 구성 성분인 요오드의 결핍을 보상하려고 한다. 그 결과 갑상선은 커지고, 갑상선종(흔히 혹이라는 것)이 생긴다.

독일의 경우 약 1500만 명이 요오드 결핍에 의한 갑상선종을 앓고 있으며, 갑상선종 수술은 어느새 세 번째로 흔한 외과수술이 되었다. 갑상선종을 앓고 있는 대다수의 성인들은 이미 어릴 때부터 그 원인을 갖고 있다. 따라서 모든 요오드 결핍의 50%는 이미 20세 이전에 형성이 된다고 할 수 있다.

확장된 갑상선에는 통증이 따르고, 호르몬 부족은 질병을 초래하고 장기적으로 심각한 기능장애를 유발한다. 요오드 결핍의 경과나 그 증상에 따라 다음과 같은 건강상의 위험을 예견할 수 있다.

**태아** : 뇌 성숙의 장애. 기형, 사산 혹은 유산.

**유아·소아** : 갑상선종, 뇌와 뼈가 더디게 성숙, 성장 부진, 지능 저하(풍토성 크레틴병).

**취학아동** : 갑상선 비대, 학습과 집중력 장애.

**청소년과 성인** : 갑상선 비대, 호흡 곤란, 음식물을 삼키는 데 어려움, 일반적인 건강(예를 들어 피로, 쇠약, 냉증, 건조한 피부, 장의 무력감, 면역 저하, 간접적으로는 비만), 기분의 장애, 갑상선 조직의 변화(종양), 생식력의 장애, 동맥경화의 위험성 증가.

뇌의 성숙과 발달을 위해 요오드 공급과 함께 복합 오메가-3-불포화지방산과 고단백 섭취는 필수불가결이다.

이 세 가지 영양 구성 요소는 정신적인 능률을 위해 필수적인 요소이다.

## 인에 관해

두뇌 음식인 생선을 식단의 한 부분으로 취하라.

생선은 오래 전부터 머리를 좋게 한다는 명성을 얻고 있다. 그 이유는 생선의 높은 인 함유량 때문이다.

인과 몸(사고력을 포함하는)의 능률 간에는 긴밀한 관계가 있다. 인이 에너지가 풍부한 인산 ATP(Adenosintriphosphat)의 형성에 간여하고, 이미 언급한 세포막 성분인 포스포리피드의 형성에도 간여하기 때문이다.

인, 인산염은 현대의 식단에서 부족한 영양분이 아니다. 오히려 세 가지 무기물인 칼슘, 인산염, 마그네슘의 균형에 신경을 써야 한다. 이를 통해 신체는 활동과 이완의 과정을 균형 있게 유지한다.

칼슘과 인산의 비율은 1 : 1에서 1 : 1.5 정도로 유지되어야 적당하다. 만일 이보다 인산의 비율이 높아지면 체내의 칼슘 흡수에 방해를 받게 된다.

두뇌 음식으로 생선이 선호되는 것은 오메가 - 3 - 지방산의 양과 필수 아미노산, 비타민 B, 요오드, 아연 때문이다. 생선은 야채와 과일, 곡류와 유제품과 함께 변화 있는 식단을 구성하는 한 부분이 되어야 한다.

## 카페인, 알콜, 니코틴은 뇌의 독?

기호식품은 시대와 나라를 막론하고 인간의 삶의 한 부분을 차지한다. 그러나 그런 기호식품이 독이 될 수도 있다. 즉, 모든 기호식품은 뇌 기능에 영향을 미친다는 사실이다.

사회적으로 '일상적인 마약'으로 분류된 커피, 술, 담배는 서구화된 사회에 널리 퍼진 기호식품이다. 그 물질과 양에 따라 그것은 흥분시키거나 긴장이완의 작용을 할 수 있다.

## 각성제 카페인

카페인은 '마음을 흥분시키는 챔피언'으로 통한다. 커피나 카페인 함유 음료 — 홍차, 녹차, 마테, 구아라나 등 — 에는 식물성 각성제가 들어 있어 중앙신경계를 흥분시키고 피로를 없애준다는 것이다. 또한 세포 간에 정보전달의 속도가 빨라지면서 연상력이 개선되고 반응시간이 짧아진다.

그렇지만 카페인의 장점은 그다지 많지 않다. 카페인을 과도하게 섭취하면 불안과 수면장애가 나타날 수 있다. 주의력이 지나치게 상승하면 민감해지는 것이다. 커피는 차나 구아라나보다 카페인 효력이 더 빨리 나타난다. 그 이유는

정신노동자의 습관이 된 커피와 술, 그러나 커피를 긴장하기 위해, 술을 긴장이완을 위해 가까이 하는 것은 절대 좋지 않다.

홍차와 구아라나의 카페인은 탄닌과 연결되어 있어서 비교적 천천히 흡수되기 때문이다. 카페인의 느린 효과는 장시간의 효과로 상쇄된다. 차나 구아라나를 마신 후 뇌에 미치는 흥분효과는 커피를 마신 후에 재빨리 나타나는 카페인 효과보다 더 오래 지속된다.

**권장사항** : 매일 3잔에서 4잔 이상의 커피, 혹은 홍차를 마시지 말라. 하루의 흐름에 따라 자신에게 맞는 양과 시간 간격을 알아내고 커피와 홍차를 마시라. 한 번쯤 녹차와 마테(마테나무 잎으로 끓인 차)를 마셔 보라. 카페인 함유 음료가 활동 중에 마시는 유일한 음료가 되어서는 안 된다. 카페인은 알콜과 마찬가지로 신장에 강한 수분 배설을 자극하므로, 생수와 희석과즙, 잎차, 과일차로 수분을 충분하게 보충해야 한다.

## 긴장이완을 돕는 술

술은 우리 생활의 한 부분을 차지한다.

한 잔의 샴페인은 약간의 흥분을, 일과 후의 맥주는 긴장을 이완시킨다. 적포도주는 이차적 식물성 성분인 폴리페놀을 함유하고 있어 하루 한두 잔 정도의 양을 지키면 혈액순환에 좋은 영향을 미친다.

술은 양에 비례하게 몸의 반응력을 느리게 만들고 혈당치를 낮춘다. 지속적인 알콜의 섭취는 뇌에 큰 고통을 준다. 스스로 견딜만하다고 마시는 양과 치명적인 양 사이에는 미세한 차이가 있을 뿐이다. 알콜의 남용은 간 기능을 해치고, 뇌와 신경계의 섬세한 균형을 위협한다. 그리고 무엇보다도 중독의 위험을 잊지 말아야 한다.

## 흥분제 니코틴

니코틴은 흥분을 가라앉히고, 피로할 때에는 흥분하게 하

일반적으로 적당량의 술이 건강에 미치는 긍정적인 효과에도 불구하고 각자는 자신의 음주 습관에 대해 질문해 보아야 한다.

면서 중앙 신경계에 바로 작용한다. 정신노동자들은 흔히 자신의 뇌를 '담배 연기 속에' 둘러싸이게 하고, 담배 연기가 스트레스를 해소시켜 집중력이 나아진다고 믿는다.

흥미로운 것은 니코틴이 뇌의 세포 표면에서 신경전달물질(특히 아세틸콜린)이 '도착하는 지점'의 열쇠구멍에 완전히 들어맞는 열쇠가 되며, 이 때문에 뇌를 활성화시키고 기분을 고조시킨다는 점이다. 그러나 그 효과는 단시간에 불과해 다음 담배를 집는 것이 자동으로 프로그램 된다.

흡연가들은 니코틴이 뉴런을 자극하고 있을 때만 기분이 좋아지며, 담배가 없을 때는 반대로 기분이 좋지 않게 된다.

규칙적인 흡연은 추측대로 점차 뇌를 손상시킨다. 장기적으로 볼 때 흡연은 혈액 속에서 산소를 받아들이는 능력을 감소시키고, 혈액의 응고 가능성을 높인다. 그와 함께 혈관의 내벽은 일산화탄소에 의해 손상되기 쉽다. 그 분명한 증거로 흡연가의 혈관벽에는 금연가의 혈관벽보다 현저하게

니코틴은 시냅스 끝에 열쇠처럼 들어맞는다. 따라서 그를 통해 기분을 고조시키는 과정이 진행된다.

많은 노폐물이 쌓여 있다.

이런 모든 변화는 흡연가의 심장 – 혈액 순환 장애의 높은 위험성을 설명하는 것이며, 결국 뇌의 산소 공급에도 나쁜 영향을 미친다. 게다가 연구 결과에 따르면, 흡연가는 비타민과 항산화비타민 C의 요구량이 높다. 흡연에 따른 나쁜 영향에 대해 소위 '흡연비타민'으로 대처하려는 것은 부분적인 해결책일 뿐이며, 완전히 니코틴을 포기하는 것보다는 별로 의미가 없다.

담배를 피우기보다는 다른 형태의 정신적인 자극, 예를 들어 운동, 게임 등으로 스트레스를 풀어 보라. 운동은 담배 이상으로 심리적 진정 효과를, 무엇보다도 건강한 방법으로 얻을 수 있다.

V04

# 식단에서의 뇌 영양식

# 제4장

# 식단에서의 뇌 영양식



잘못된 식사는 위장을 불편하게 할뿐만 아니라 몸 전체를 불편하게 한다. 그러나, 특정 영양소로부터의 영양 섭취가 행동이나 기분, 지적인 활동에 영향을 미치는 것은 틀림없지만, 아직 완전히 연구되지는 않았다. 그 효과가 너무 복잡하고 미묘하기 때문이다.

그러나 개개의 영양소가 뇌와 신경기능에 갖는 기본적인 의미는 규정지을 수 있다. 왜냐하면 우리가 매일 먹는 것은 신체적인 컨디션과 정신적인 능률 외에도 뇌와 감정적인 상태에도 영향을 미치기 때문이다. 인간은 자신이 먹는 것 그 자체이다.

탄수화물의 경우, 건강식에서 무드(기분, 분위기) 음식으

로 자연스럽게 옮아가는 것에서 그 특징이 분명하게 드러난다. 근육과 뇌, 신경에 에너지를 전달하는데 1순위인 탄수화물은 기분을 좋게 하는 세로토닌의 생성도 돕는다.

특정한 영양 구성 성분(아미노산)은 복잡한 생화학적인 신진대사 속에서 활성화, 혹은 진정 – 조화의 과정을 개시하는 물질이다. 정신 – 신경 활동이 요구되는 학생과 직장인, 그리고 계속되는 회의와 학회에서 스트레스를 받은 책임자들 모두는 이렇게 질문하고 싶을 것이다.

"낮에 생기 있고 기분 좋게 활동하고, 밤에 푹 잘 수 있으려면, 언제 무엇을 먹어야 하는가?"

## 식사의 올바른 타이밍과 식단

'조용하게 즐기는 것', 이것은 매 끼니 때마다 해당되는데 의심할 나위 없이 스트레스에 대한 최선의 처방이다.

하루의 시작에는
아침식사가 반드시 있어야
한다. 그래야만 유기체
조직은 필요한 시동
에너지를 얻고 스트레스의
자극으로부터 무방비
상태에 놓이지 않게 된다.

식사할 때의 즐거움은 기분과 정신 – 육체적인 긴장이완에 도움이 되며, 신진대사 기능을 촉진시킨다. 식탁에서 서두르거나 화내며 싸우는 대화까지도 소화기관의 생리를 저해하고, 이상적인 영양분의 소모를 방해한다. 그뿐만이 아니라, 어떻게 먹는가 하는 것도 효과적으로 스트레스를 이기는 데 도움이 된다. 편안한 식사 시간은 최고의 휴식 시간이다.

올바른 식사 내용은 육체적인 능률곡선(170쪽의 그림 참조), 개인적인 요구와 조건에 의해 정해진다. 내적인 안정과 균형을 위한 긴장이완 식단은 탄수화물 중심의 마그네슘과 비타민 B군이 함유되어 있어야 한다. 그와 반대로 피로를 느끼면 단백질 식사가 도움이 된다. 그 이유는 이미 설명했듯이 단백질은 신경계를 활성화시키고 반응의 속도를 높인다. 그렇지만 이런 기본적인 권장사항에서 '이것 아니면 저것' 이라는 식의 결론을 내린다면 잘못이다. 식단을 짤 때마다 탄수화물과 단백질 양을 달리하여야 할 것이다.

그 외에도 오후에 생각을 많이 하는 일을 하려면, 점심에는 적은 양의 단백질 – 비타민 조합의 식사를 간단하게 한다. 예를 들어 샐러드와 가금류의 고기, 혹은 익힌 생선에 야채를 곁들인다. 그러면 부담을 주지 않으면서 정신의 능률을 높이는 에너지를 모으게 된다.

절대로 아침을 거르지 말아야 한다! 이것은 모든 영양학

**개인적으로 편안하게 느껴지는 영양 섭취 방법을 찾아라**

언제 얼마만큼 자주 식사를 할지는 유행하는 지침을 따르기보다 개인에 맞는 영양섭취와 자신이 소화시킬 수 있는 식사주기를 찾는 것이 좋다. 이 장에서 권하는 것은 영양소의 의미와 올바른 식사 구성에 관한 학문적인 지식을 바탕으로 한 것이며, 개인의 식사습관에 맞는 방향 설정에 도움이 될 것이다. 또한 각자가 자신의 개인적인 공간을 측정해 보아야 할 것이다. 왜냐하면 '어떤 것이 무조건 모두에게 맞는 것은 아니기 때문이다'.

자들의 공통 의견이다. 식사를 어떤 식으로 할 것인가에 대해서는 견해가 엇갈린다. 실제로 이에 대해서는 다양한 그리고 부분적으로 서로 모순되는 의견들이 있다.

모두들 전통적인 지침을 알고 있을 것이다. '아침은 황제처럼, 점심은 평민처럼, 저녁은 거지처럼', 이 지침대로라면 대개의 직장인들은 잘못된 식사를 하고 있다. 아침에는 거의 식사를 할 시간이 없고, 낮에는 비교적 적게 먹으면서, 커피와 담배, 패스트푸드로 하루를 버틴다. 그리고 저

몸과 정신을 위한 건강식 :
개인적인 조건을 고려한
고영양과 균형 있는
영양 섭취

녁에는 편안하게 많이 먹고 마신다. 이런 식사주기가 신체-정신-신경의 건강에 전혀 도움이 되지 않는다는 것은 모두 알고 있을 것이다.

어떤 영양요법에서는 이와는 반대로 점심 때까지 과일만 먹으라고 권한다. 또 다른 의견에 따르면 오후 5시 이후에는 절대 아무 것도 먹어서는 안 된다고 한다. 왜냐하면 그 후에는 소화기관이 휴식시간을 갖기 때문이라는 것이다. 과연 어떤 의견을 믿어야 할 것인가?

일반적으로 인정받는 다섯 끼 식사주기도 부분적으로 의문시된다. 이 주장의 약점은 다른 수수께끼 같은 영양식에서처럼 그것이 정신노동자를 위한 것인지, 혹은 운동선수나 다른 살을 빼려는 사람을 위한 것인지 구별이 되지 않는다. 많은 운동선수들의 경우 높은 열량이 '골고루', 즉 잘 안배된 식사를 해야 하는 것처럼 정신노동자도 여러 번의 적은 식사로 인해 소화활동이 사고활동 기능을 희생시켜서는 안 되며 능률 곡선과 에너지 수치가 같은 정도로 진행되어야 한다. 잘 짜여진 하루 식사는 몸매에 신경을 쓰는 이들도 즐겁게 해 줄 것이다.

## 규칙적인 식사를 통한 능률 향상!

오늘날의 생활과 작업 조건에서는 적은 횟수의 풍부한 식사보다는 하루에 네 번 내지 다섯 번의 작은 식사를 나누어서 하는 것이 보다 더 적합하다. 이런 식사주기는 다음과 같은 칼로리 분배에 의해 형성된다.

하루 총 칼로리 양에서 35%가 첫 번째와 두 번째 아침 식사의 몫이다. 그 분배는 개인적인 상황이나 기호에 따른다. 즉 아침에 아무런 식욕이 없는 사람은 두 번째 아침 식사를 더 크게 할 수도 있다.

점심과 저녁 식사에는 각각 하루에 필요한 에너지 중 25%를 보충한다. 이로써 15%가 남는데, 이것은 오후에 간

정신의 능률을 위해서는 매 끼니가 모두 중요하다. 매 끼니는 각각 기폭제, 에너지 보충, 회복과 같은 특수한 임무를 띤다.

단하게 간식이나 식사를 함으로써 충당한다. 이것 역시 개인의 생활 습관에 따라 다르다.

다음의 그림은 정신노동자를 위한 다섯 끼 식사 모델이다. 하루에 나뉘어진 영양 섭취는 오전과 낮은 오후에 고조되

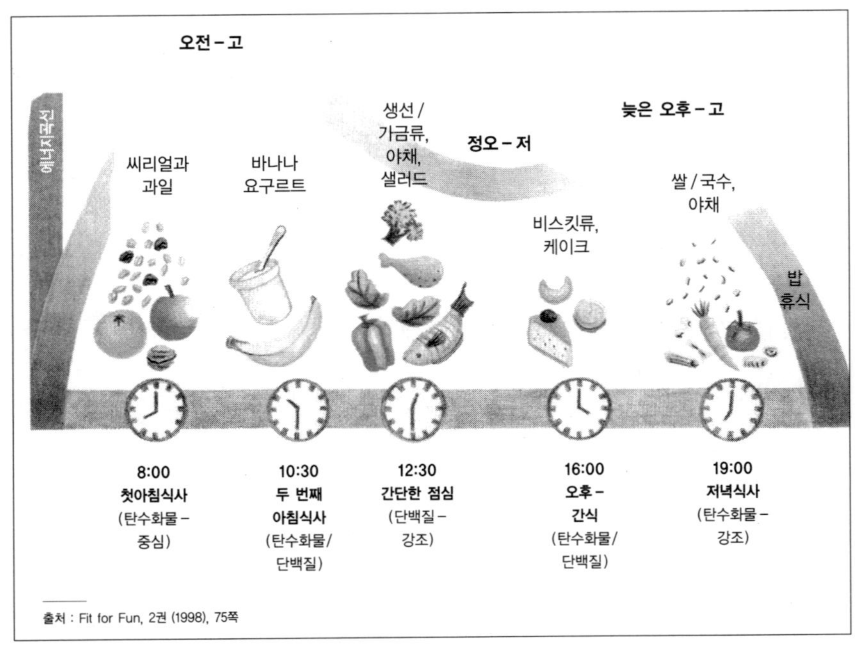


출처 : Fit for Fun, 2권 (1998), 75쪽

고, 점심과 늦은 밤에 떨어지는 개인의 능률곡선의 흐름을 돕는다.

따라서 컨디션 곡선에 가능한 한 좋은 영향을 주기 위해 개개의 식사에서 요구되는 것은 다음과 같다.

**아침** : 탄수화물이 강조된, 활성 단백질(티로신, 페닐알라닌)과 균형을 이룬 아침식사 → 시작 에너지, 일반적인 활성화

두 번째 아침 : 탄수화물 – 단백질 – 스낵 → 지속 가능

**점심** : 가볍게 들 수 있는 단백질이 강화된 고프로테인식. 영양분이 많고 지방은 조금만 → 점심때 능률의 저하와 졸음을 막고, 오후에는 능률을 안정적으로 지속시킴.

**오후** : 탄수화물이 강화된 스낵 → 에너지 공급과 보충, 일과 후 운동을 위해 컨디션을 유지시킴.

**저녁** : 가벼운 식사로, 탄수화물이 강화된 식사. 높은 영양분 → 회복, 편안한 수면

## 아침식사 : 하루를 위한 시작 에너지

탄수화물이 강화된 첫 번째 아침식사가 씨리얼, 약간의 우유, 요구르트로 구성된다면, 단백질이 함유된 두 번째 아침식사로 치즈나 햄을 곡류 빵에 얹어서 먹는다.

아침식사는 본격적인 일과로 들어가기 위한 뜀틀로 표현할 수 있다. 따라서 시작을 위한 올바른 에너지는 학교와 회사에서 긴 오전 동안 좋은 컨디션을 유지시킨다. 개인적인 능률 곡선이 오전 동안 최고도에 달하고 싶으면 아침식사를 반드시 해야 한다. 그것도 두 번의 식사가 가장 좋다!

제대로 아침식사를 하는 것은 스트레스로부터의 보호를 의미한다. 아침에 아무 것도 먹지 않으면 위는 오전에 스트레스의 자극에 무방비 상태로 노출된다. 충분하지 않은 첫 아침식사, 혹은 간식을 거르면 집중력 부족이나 능률 저하의 원인이 될 수 있다. 특히 직장이나 학교 수업, 그리고 장시간의 운전 등, 정신-신경 활동이 요구될 때 그렇다.

아침식사에 탄수화물과 프로테인이 갖는 다양한 가치에 대해서는 견해가 엇갈리기도 한다. 그러나 기본적인 것은 계획성이다. 글리코겐 비축량(탄수화물 – 에너지 저장)을 채우기 위해서는 복합 탄수화물(예를 들어 곡류 식품)이 절대로 빠져서는 안 된다. 순수한 프로테인 아침식사는 이런 요구를 채워줄 수 없다.

필요한 혈당치와 능률의 안정적인 지속을 위한 가장 좋은 식사는, 단백질 보충과 탄수화물이 강화된 식사이다. 단백질 비율은 첫 번째보다 두 번째 아침식사에서 높아야 한다. 기억할 것은 복합 탄수화물과 프로테인의 조화는 혈당치의 호르몬 조절(인슐린, 글루카곤)을 좋게 하며, 그 외에도 활성 아미노산인 티로신과 페닐알라닌은 그렇게 준비된다.

## 원기를 주는 아침식사의 구성 성분

계획적인 아침식사는 곡류, 유제품, 과일의 세 가지의 조합으로 이루어진다. 예를 들어 빵, 치즈, 사과의 조합이 될 수 있다. 적당한 음료는 차, 커피, 과즙, 생수, 혹은 우유이다. 모든 영양분이 모여 있는 것은 씨리얼이다.

기분을 상쾌하게 하는 원기식 아침 식사는 한 조각의 곡식빵에 크림치즈를 발라서 과일 조각과 함께 먹는 것이다.

아침 일찍 과일과 함께 달게 먹고 싶은 사람은 두 번째 아침 식사를 제대로 한다. 예를 들어 버터 바른 귀리빵을 야채와 함께 (개인의 식성에 따라 토마토 한 조각이나 피망을 함께) 하거나, 혹은 햄과 함께 먹는다.

첫 번째 아침 식사에서 단백질이 풍부한 식사를 한 사람, 예를 들어 계란프라이와 빵, 혹은 단백질이 풍부하게 첨가된 씨리얼과 응유치즈를 먹었다면, 두 번째 아침 간식에는 신선한 과일이나 견과류를 건과와 함께 먹으면 좋을 것이다.

## 점심식사 – 양은 중요하지 않다

점심에는 기본적인 조건이 있다. 이상적인 것은 한 시간의 휴식이다. 기운을 회복하게 하는 간단한 식사 — 이상적인 것은 생선, 가금류, 지방분이 적은 치즈를 야채, 샐러드와 함께 먹는 것 — 를 즐기고 약간의 산보를 위한 시간이면 충분하다. 산보는 뇌의 산소 공급을 촉진시키고, 소화 활동을 돕는다.

대부분의 사람들의 점심시간은 점점 더 줄어든다. 하지만 중요한 것은 적어도 잠깐동안이라도 신선한 공기를 들이쉬는 것이며, 식당이나 레스토랑에서 식사로 가벼운 샐러드나 전채요리를 고르는 것이다.

점심식사는 프로테인 중심이어야 하며, 이는 이 시간에 아미노산 구성 성분의 활성화 효과를 오후를 위해 남겨두고, 점심식사 후 한 시간 동안 집중적으로 일을 하기 위해서

점심식사는 과하지 않으면서 단백질은 강화되어야 한다. 그리고 신선한 공기를 위한 휴식시간이 필요하다.

이다. 너무 무거운 점심식사와 탄수화물 양이 많은 식사는 오히려 졸음을 불러온다.

## 날개를 달아주는 활동음식

부른 배는 공부와 친해질 수 없다. 너무 많은 양의 영양 섭취는 소화기관에 부담을 주고 방해가 되는 포만감을 일으키고, 음식물의 소화를 위해 뇌에서부터 혈액이 배로 끌어져오면 결국 인체는 피곤해진다.

활동음식에 확신을 갖는 추종자들과 그 주장자들은 이에 관해 신체적인 주장과는 다른 것에 부딪치게 된다. 식사는 칼로리와 영양분 섭취 이상의 것이다. 식사는 친구이며, 바로 그것 때문에 충분한 효과를 가진다.

흥분시키고 생기를 갖게 하는 식사의 효과는 분위기에만 국한되는 것은 아니다. 음식이 갖는 '생기를 일으키는 효과' 는 20세기 초 생체학자들에 의해 언급되었는데, 정신력을 깨우는 것까지 포함했다.

식사는 기운을 차리게 하고, 다른 조건들도 채워지면 '정신을 풍부하게 한다'. 분명, 이런 변화는 혈액순환으로의 영양섭취와는 상관없는 것이다. 그 변화는 이미 한 입 깨물었을 때 이미 나타나며, 때로는 변화를 느끼기에는 너무 적은 간식으로도 충분하다.

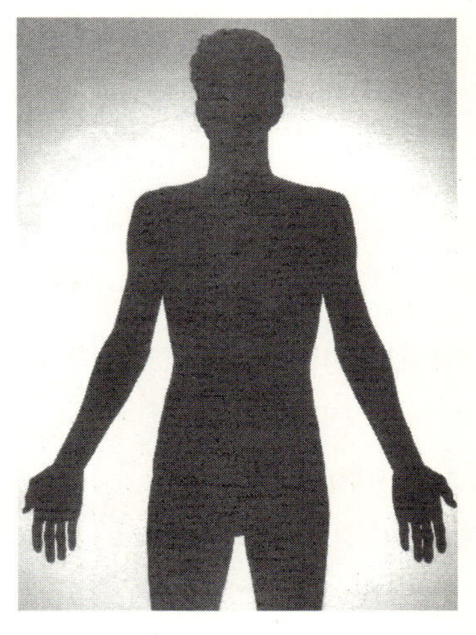

이것을 어떻게 설명할 수 있을까? 느낌에 따라 식사의 지적인 효과도 달라진다. 즉 식사도 느낌과 경험의 표현이다. 따라서 즐길 줄 아는 것은 정신 능력을 확대시키기 위한 기본적인 전제조건이 된다. 일찍이 미식가는 포식과 즐기면서 스스로 조절하는 것의 차이를 구별할 줄 알았다.

오늘날의 작업과 생활조건에서 적합한 것은 덜 기름지고, 덜 부담스러운 음식, 여러 번의 작은 변화가 있는 맛있는 가벼운 식사이다. 권장할 것은 예를 들어 초밥이나 지중해 식의 가벼운 비즈니스 메뉴이다.

## 창조적으로 돌보고 성공적으로 회의를 한다

회사 미팅의 주관자나 세미나, 혹은 호텔에서의 학회의 책임자는 오래 전부터 잘 알려져 있는 비밀, 즉 회의의 성공이 그 숙식에 달려 있지 않다는 것을 잘 알고 있다. 휴식시간에는 커피나 비스킷 대신 창조적이고 활동적인 스낵, 즉 우유 음료와 신선한 과일, 응유치즈와 흑빵, 요구르트와 과일 샐러드, 여러 가지 과일주스 등이 다양하게 제공된다.

오늘날 대부분 호텔에서 아침 뷔페는 원기를 갖게 하는 점심시간의 점심 뷔페만큼 흔한 것이 되었다. 물론 제대로 알고 정신 건강을 위한 영양분에 대해 잘 아는 사람만이 제공된 음식을 제대로 선택할 것이다.

점심과 저녁 식사 사이에는 간식으로 원기를 회복하는

하루종일 원기를 유지하려면 식사를 의식적으로 선택하고 제대로 섭취하는 것이 전제조건이다. 따라서 회의를 주재하는 사람이 부담을 주는 식사가 아닌 손님에게 맛있는 원기식을 제공함으로써 좋은 기분과 원기를 유지시키는 것은 환영할만 하다.

것이 이상적이다. 더욱 중요한 것은 정신활동 이후에는 운동을 하는 것이다. 능동적인 근육은 그에 맞는 탄수화물 에너지 보충을 필요로 한다. 그와 반대인 낮은 혈당치의 상태에서는 거의 운동을 할 수 없다. 그럴 때에는 강정이나, 과일 케이크 한 조각, 혹은 간단하게 바나나, 꿀을 탄 차, 한 잔의 사과주스를 먹으면 좋을 것이다.

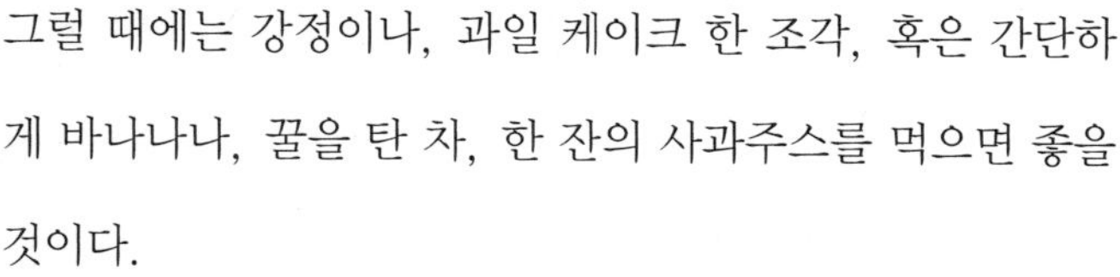

## 저녁 식사 – 하루의 마지막 식사

저녁식사에서 탄수화물을 선호하는 사람은 생화학적인 신진대사에서 볼 때 긴장을 풀고 수면을 촉진하는 세로토닌 생성에 약점을 갖게 된다. 그러므로 저녁에는 국수나 쌀을 야채와 함께 먹는다.

프로테인이 풍부한 식사(스테이크, 많은 양의 생선 등등)는 이와는 반대로 뇌에 활성아미노산을 공급한다. 따라서 오히려 정신이 맑게 되며, 이것은 저녁 늦게까지 정신적으로 계속 활동할 때 좋다. 그러나 이 경우에도 양이 많지 않아야 한다. 단백질이 강화된 저녁식사는 부담이 되기 때문이다. 그러한 식사는 우선 몸을 피로하게 만들며, 나중에는 수면까지 방해할 수 있다.

너무 늦게 식사를 해서는 안 된다. 6시와 8시 사이의 가벼운 저녁식사가 이상적인데, 식사 후 긴장을 풀기 위한 산책 시간을 낼 수 있기 때문이다. 그렇게 하루의 일을 마무리하는 사람은 그날의 피로를 빠르게 회복하고 새로이 힘을 얻게 된다.

## 최상의 두뇌음식 – 뇌와 신경을 위한 20가지 건강식

두뇌음식은 거창한 것이 아니라 영양가가 뛰어난 다양한 유제품 전부이다. 이들은 하루의 흐름에 따라 식사와 영양소 분배에 역점을 두어야 한다. 이를 통해 정해진 시간에 활성화되고, 지구력과 집중력을 유지하고, 긴장이완을 시켜서 수면을 돕게 된다.

너무 빨리 힘이 빠지지 않으려면, 특히 탄수화물, 프로테인, 복합 불포화지방산, 비타민 B, 마그네슘 등이 필수적으로 요구된다. 또한 이때, 기능물질과 혈관벽·뇌세포를 유해 작용으로부터 보호하는 요소들도 빠져서는 안 된다. 이것은 특정 항산화비타민들과 이차식물성분이 맡고 있다. 올바른 식단의 식품은 영양을 공급할 뿐만이 아니라, 뇌 기능을 활발하게 한다.

다음의 두뇌음식은 물론 완벽한 것은 아니다. 하지만, 식단을 짤 때 방향을 잡아 줄 수 있을 것이다. 식단에서 과일과 야채는 계절에 따라 변화를 줄 수 있다.

## 영양보충과 평가

일상생활 중 몸이 필요로 하는 영양 요구량에 맞추어진 짜임새 있는 식사를 하고, 과도한 두뇌 활동 뒤에는 몸을 움직임으로써 균형을 취하도록 하는 것이 뇌를 돕는다.

뇌와 신경을 위한 건강식을 바르게 계획하는 것이 불가능하거나 혹은 필요한 식품이 없을 경우, 다른 식품으로 대체하여 영양을 보출할 수는 있지만 완전할 수는 없다. 영양 공급을 추가로 해야 할 경우란, 영양 결핍의 원인이 특정 영양소에 의한 것이라거나, 과도한 부담으로 영양소 요구량이 높아질 때이다. 그렇다고 해도 시중의 갖가지 영양제가 훌륭한 영양 섭취의 대안이 될 수는 없다.

단백질 구성 성분과 무기물, 비타민이 많이 함유된 전통적인 제품으로는 밀(비타민E, 마그네슘), 귀리(비타민 B)와 해조류(프로테인, 다량·미량 원소)이다. 그 외에도 스트레스에 지치거나 정신적으로 과도하게 일을 한 사람은 비타민과 무기물 제재를 섭취한다.

스트레스로부터 보호받기 위해서는 특히 비타민 B와 마그네슘, 아연이 함유된 식품을 섭취하는 것이 좋다. 인기 있는 것은 세포 보호에 효과가 있는 비타민 E와 C, 카로티노이드, 셀렌, 조효소 Q10과 부차적 식물 성분(예를 들어 혈관벽을 보호하는 플라보노이드의 구성으로 된 것) 등이다.

특히 플라보노이드 성분은 세포와 혈관을 보호하는 항산화성 영양분으로, 전문가들에 의해 인정받고 있다. 이것은 영양제로 쉽게 섭취할 수 있다.

레시틴 제재에서는 높은 포스파티딜콜린과 포스파티딜세린이 함유된 고 가치의 제품을 골라야 한다. 불포화 긴 고리의 오메가-3-지방산으로 확실하게 영양을 취하는 것은 생선유 캅셀이 가능하다.

아미노산 역시 제품의 많은 발전이 있었다. 예를 들어 아

## 두뇌를 위해 권장되는 영양식품

| 식품 | 성분 | 효과 |
| --- | --- | --- |
| 사과 | 비타민 C, 칼륨, 펙틴 과당 | 혈관벽을 튼튼하게 한다. 간식으로 섭취. |
| 바나나 | 탄수화물, 비타민, 무기물, 아미노산 | 몸과 정신에 적합한 이상적인 에너지원 |
| 브로컬리 | 비타민, 무기물, 이차식물성분 | 세포 보호식품 제1번 |
| 탈지유 | 단백질 구성 성분, 무기물, 비타민B군 | 원기 회복, 흥분, 기운 회복, 정신을 맑게 하고, 쉽게 소화됨. |
| 녹색 완두콩 | 비타민 B군, 마그네슘, 철분, 단백질 구성 성분, 칼륨 | 심장과 뇌, 근육을 활기 있게 함 |
| 딸기 | 비타민 C, 칼륨, 철분, 이차식물성분 | 레몬보다 더 많은 비타민 C를 함유. 원기 회복과 빠른 혈당 보충. |
| 가금류 | 단백질, 비타민 B군, 미량원소 | 부담이 적고, 집중력과 반응을 촉진시키고, 가벼운 식사로 야채나 샐러드와 함께 먹으면 좋음. |
| 귀리 | 복합탄수화물, 단백질 구성 성분, 비타민 B군, 마그네슘, 아연, 비타민 E, 레시틴 | 신경을 맑게 흥분시키고 지구력 강화. 몸과 정신－신경의 능률을 위한 음식. |
| 청어 (고등어, 연어, 정어리) | 오메가－3－불포화지방산, 프로테인, 아연, 요오드, 비타민 B군과 D | 혈관벽을 건강하게 유지, 혈류를 좋게 하고, 신진대사를 활발하게 하며, 뇌와 신경의 중요한 구성·기능물질 공급. |
| 토마토 | 이차식물성분(특히 리코핀), 비타민 C, 칼륨, 폴산 | 신선하게 즙이나 소스, 퓌레, 페이스트로 섭취. 포괄적인 건강 유지. 흡수가 쉬운 이차식물성분. |

| 두뇌를 위해 권장되는 영양식품 | | |
|---|---|---|
| **식품** | **성분** | **효과** |
| 양고기 | 프로테인, 비타민 B군, 철분, 아연 | 적혈구 활성화 |
| 불콩 | 복합탄수화물, 단백질 구성 성분, 마그네슘, 철분, 비타민 B군, 레시틴 | 정신적 지구력을 공급, 집중력 상실 예방 |
| 응유치즈 | 단백질, 비타민 B군, 칼슘 | 기운 회복, 흥분, 부담을 주지 않음. |
| 씨리얼 | 복합 탄수화물, 비타민 B군, 마그네슘, 단백질 구성 성분 | 아침의 시작 에너지와 긴 시간 지속되는 에너지, 식사 사이에도 섭취해도 좋음. |
| 견과류/종자유의 씨앗 | 비타민 B군, 철분, 단백질 구성 성분, 마그네슘, 아연, 레시틴, 비타민 E | 영양분이 많은 스낵, 집중력 약화에 도움, 신경 영양. 높은 지방분 때문에 과일이나 건과와 함께 먹는 것이 좋음. |
| 국수 | 강화 탄수화물, 단백질 구성 성분, 비타민 B군, 곡류의 마그네슘 | 근육과 뇌의 에너지 공급, 좋은 기분, 긴장이완 |
| 피망 | 비타민 C, 칼륨, 이차식물성분 | 저항력 강화, 흥분, 건강한 세포와 혈관벽을 위해 좋음. |
| 쌀 | 강화 탄수화물, 칼륨, 단백질 구성 성분. 현미의 비타민 B군 | 에너지 공급, 균형을 잡아줌, 소화가 쉽다. |
| 샐러드(올리브유와 잎을 넣은 소스와 함께) | 비타민 C, E, 카로티노이드 이차식물성분, 마그네슘, 칼륨, 폴산 | 생기 있게 하고, 포괄적인 건강 유지 |
| 기울을 빼지 않은 밀가루로 만든 빵 | 복합 탄수화물, 단백질 구성 성분 비타민 E, 마그네슘, 철분, 아연, 비타민 E | 장시간 에너지 제공, 지구력과 집중력을 강화시킴 |

영양분 보충은 영양분 요구량을 충당하는 데 도움이 된다. 그렇다고 정상적인 식사의 대용이 되어서는 안 된다.

미노산 음료가 대표적이다. 전통적인 성분인 불필수 아미노산인 글루탐산은 이미 60년대에 음료에 시험되었고, 스트레스 상황에 추가적으로 권장되었다. 글루타민 – 글루탐산이 뇌에 미치는 효력이 중요시되는 까닭은 글루탐산은 에너지원이면서 신경전달물질의 전 단계인 감마 – 아미노지방산이기 때문이다. 이런 이중의 기능이 집중력을 촉진시키고, 복잡한 정보처리 작업에 좋은 효과를 낸다.

더 나은 집중력과 창조력, 학습 효과를 위한 성공 전략을 요약해 보면 다음과 같다.

- 뇌의 훈련
- 신체적인 활동
- 두뇌음식 – 계획적인 영양 섭취를 통한

  영양 보충도 함께

무엇보다도 뇌를 쓰는 것은 우리의 사고 중심을 건강하고 능률적으로 유지시키는 가장 훌륭한 예방책이다. 운동과 영양은 뇌를 돕고 돌봐준다. 이 도움을 포기해서는 안 된다.

**미하엘 함 박사의 기적의 두뇌혁명**

지은이 · 미하엘 함
옮긴이 · 진일상
펴낸이 · 배기순
펴낸곳 · 하남출판사

초판 1쇄 발행 · 2000년 9월 15일

등록번호 · 제10-221호

서울시 종로구 관훈동 198-16 남도BD 302호
전화 (02)720-3211(代) · 팩스 (02)720-0312
홈페이지 · http://www.hnp.co.kr
e-mail · hanam@hnp.co.kr

ⓒ 하남출판사, 2000 Printed in Seoul, Korea

ISBN 89-7534-148-8

이 시쓰카 다다오 지음/최병련 옮김
신 국판/248면/값8,000원

**발은 제2의 심장이다.**
**걸으면 10년이 젊어지고 멈추면 10년이 늙는다.**

발의 혈관은 뇌와 밀접하게 연결되어 있기 때문에 발의 건강관리는 뇌의 건강을 관리하는 것이다. 발이 건강한 사람은 절대 치매에 걸리지 않는다. 50년간 발만을 연구한 다다오 박사가 제안하는 발 운동법과 발 관리법, 그리고 좋은 신발 고르는 법은 당신에게 깜짝 놀랄만한 건강 비결이 될 것이다.

# 10년이 젊어지는 발 건강법

발 스트레스 치료법 · 발을 통한 노화방지법 · 발 건강체크법 · 발의 질병들
5분 마사지 · 좋은 신발 고르는 법 · 신발 손질, 발 손질법

# 21세기 자연 건강 시리즈

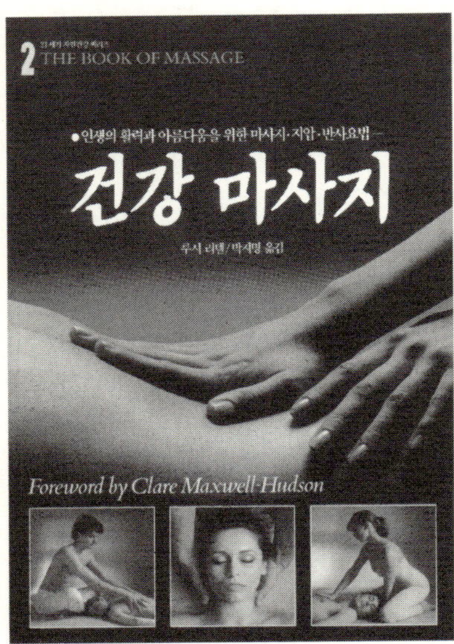


## 건강 마사지

루시 리델 지음/박지명 옮김/
규외/190면/값 12,000원

인생에 활력과 아름다움을 주는 마사지교본, 마사지, 지압, 반사 요법에 대한 기초적 설명과 더불어 누구나 쉽게 마사지의 이론에 접할 수 있도록 상세한 해설을 곁들였다. 아름다운 사진과 도해가 더욱 이해를 돕는다.

## 요가

스와미 시바난다 요가센터 지음/
박지명 옮김/190면/값 12,000원

요가의 고전적 안내서로 누구나 쉽게 요가를 배울 수 있도록 도해와 사진을 곁들여 아름답게 엮었다.
요가체조·호흡법·명상·식이 요법 등에 대해 체계적으로 서술 하였으며, 요가를 응용한 건강유 지와 스트레스 퇴치에 중점을 두었다.